Herausgegeben von:	Carlos Azevedo
	Matthias Röhrig-Assunção
Übersetzt und bearbeitet von:	Mechthild Blumberg
	Birgit Russi

CIP-Kurztitelaufnahme der Deutschen Bibliothek

Matos de, Gregório
Ausgewählte Gedichte
Gregório de Matos
ELA-Edition Lateinamerika, Berlin 1992
ISBN 3-929044-00-5

ISBN 3-929044-00-5

© 1992 by ELA-Edition Lateinamerika, Berlin 1992
Umschlag: Bilder des Todes (Holzschnitte, 1538)
   Hans Holbein d.J.
Druck: Druckerei Dressler, Berlin
Layout: Peter Burbaum

Gregório de Matos

Ausgewählte Gedichte

Inhalt

	Seite
Vorwort - Fernando da Rocha Peres	7
Gregório de Matos und Salvador da Bahia: eine soziale Chronik der Hauptstadt des portugiesischen Amerikas Matthias Röhrig-Assunção	11
Gregório de Matos - Ein poète maudit Kolonial-Brasiliens Carlos Alberto Azevedo	33
Zeittafel	43

Ausgewählte Gedichte von Gregório de Matos

Der Dichter kritisiert seine Stadt: Satiren auf Kirche, Adel und Obrigkeit 11 Gedichte	49
Der Dichter beschreibt Feste und andere Vergnüglichkeiten 3 Gedichte	91

Der Dichter und die Weiblichkeit: Damen, Nonnen, Huren   101
8 Gedichte

Verschiedenes   129
5 Gedichte

Anmerkungen zu den Übersetzungen   141

Quellennachweis   143

Vorwort

Die Veröffentlichung von abschriftlichen Gedichten von Gregório de Matos e Guerra, übersetzt ins Deutsche, ist eine verlegerische Initiative - um nicht zu sagen, ein Ereignis - von großer Relevanz nicht nur für die Bekantmachung des Dichters, sondern auch, und das hauptsächlich, für eine kulturelle Annäherung zwischen Deutschland und Brasilien.

Dieses editorische Projekt, begonnen im Unterrichtsraum, auf bescheidene und ernste Weise durch Dozenten und Studenten des Lateinamerikas-Instituts der Freien Universität Berlin entwickelt, ist ein Beispiel für das, was mit akademischer Autorität getan werden kann und muß, um im Ausland diejenigen Autoren der brasilianischen Literatur zu verbreiten, die nicht in den Kreis der kommerziellen Veröffentlichungen passen.

Die Auswahl von Gregório de Matos und seinen Gedichten aus der sonnenbeschienenen, barocken und mestizischen Stadt Salvador im Brasilien des 16. Jahrhunderts für das vorliegende Buch verrät seitens seiner Organisatoren und Übersetzer eine besondere Sensibiliät, um ein Bahia und seine Leute - Raum und Stoff der Gedichte - einzufangen, die im Leser ein Interesse weit über das »Exotische«, Oberflächliche und Zufällige hinaus wecken wird. Die Dichtung von Gregório de Matos ist der Boden Brasiliens mit seinen sich gestaltenden Widersprüchen, die durch seine Satire, seine Bekenntnis- und seine Liebesdichtung offengelegt werden. Es ist der Barock der Tropen, in dem sich die Berufung auf Europa in seinen Versen als kulturelle Grundlage von Erlebnissen, Einverleibungen, Erinnerungen und manchmal auch nicht-iberischen Referenzen konstituiert: »Holla ho! Der Germane ist angekommen:/ und ist schon früher unter uns gewesen/.../ und ich mit der Gitarre in der Hand/ habe wie ein Verrückter gesungen/ wie ein Schwarzer gespielt/.../«.

Was deutsch ist, wird »tudesco« - »Germane, germanisch« - in der typischen Figur des fröhlichen, viel Bier trinkenden Mannes mit rosigem Gesicht, eingegraben und eingezeichnet in die Ikonographie des Jahrhunderts, die im folgenden Gedicht (Sonett) explodiert:

> Der Fisch geht um hier und es kocht der Krebs
> Mann isset ernstlich, tut germanische trinken
> Die Schiffe aus der Stadt Erfrischung bringen
> Soviel wie Reisig, soviel gibt's an Keks.

Die Veröffentlichung dieser Anthologie paßt wie ein Handschuh auf den Zeitpunkt der Feierlichkeiten anläßlich der 500 Jahre der »Erfindung« oder Entdeckung Amerikas im Jahre 1492. Im Jahr 2000 ist es Brasilien, das an einem runden Datum und zu Beginn eines neuen Jahrtausends zu seinem 500jährigen Bestehen gefeiert werden wird, aber im Vorgriff ist es möglich zu sagen, daß diese Feierlichkeiten in Deutschland in Kürze in den Buchläden und Regalen stattfinden werden, denn der barocke Teufel und Dichter - der größte der portugiesischen Sprache im 17. Jahrhundert - Gregório de Matos e Guerra wird schon jetzt in der Sprache Fausts gelesen werden können.

Salvador, den 14. April 1992

Fernando da Rocha Peres

Gregório de Matos und Salvador: eine soziale Chronik der Hauptstadt des portugiesischen Amerikas

Matthias Röhrig-Assunção

Das Werk Gregório de Matos' (1636-95) ist untrennbar mit seiner Geburtsstadt Salvador verbunden. Obwohl der Dichter über dreißig Jahre seines Lebens in Portugal verbrachte, ist der wesentlichste Teil seiner Dichtung in Salvador entstanden und nur vor dem Hintergrund seines Lebens in diesem bunten kolonialen Hafen ist auch sein Werk zu verstehen.

Im folgenden werden einige Grundzüge der historischen Entwicklung Salvadors nachgezeichnet und in Bezug zum Leben und Werk von Gregório de Matos gesetzt, damit die zahlreichen Anspielungen und Bezüge in seinen Gedichten verständlicher werden.

Was war das nun für eine Stadt? Im 17. Jahrhundert, dem Jahrhundert von Gregório de Matos, konnte Salvador schon auf eine kurze, aber bewegte Geschichte zurückblicken: Von einer kleinen Siedlung am äußersten Zipfel der Allerheiligen-Bucht (Baía de Todos os Santos), die noch auf die freundliche Haltung der Tupinambá-Indianer der umliegenden Dörfer angewiesen war, hatte sie sich in nur einem Jahrhundert zur Hauptstadt der größten Plantagenregion der Neuen Welt entwickelt, in der die indianische Bevölkerung nur noch eine unbedeutende Minderheit stellte.

Vom Brasil-Holzhandel zur Plantagenwirtschaft

Um die Figur des ersten Portugiesen, der sich an der Bucht von Salvador auf Dauer niederließ, ranken sich zahlreiche Legenden, die bis heute in Literatur und Folklore lebendig geblieben sind. Diogo Alvares Correia, genannt der Caramurú, überlebte irgendwann zwischen 1509 und 1511 einen Schiffsbruch an der bahianischen Küste. Es gelang ihm, freundschaftliche Beziehungen zu den Tupinambá zu knüpfen und er heiratete eine Indianerin, Catarina Paraguaçú. Seine Sprachkenntnisse und seine Einbindung in die Tupinambá-Gesellschaft, eine lockere Verbindung von großen Dörfern, die die gesamte Küste der Region beherrschten, machten ihn zu einem idealen Vermittler in dem sich entwickelnden Handel mit dem roten Brasil-Holz.

Caramurú ist das Symbol für die in dieser Brasil-Holz-Phase noch mögliche freundschaftliche Beziehung mit den brasilianischen Ureinwohnern. Aufgrund seiner Verbindung mit der getauften indianischen »Prinzessin« und ihrer angeblich zahlreichen Nachkommenschaft gilt er auch als Ahnherr des neuen kreolischen Adels, vom dem die alteingesessene Oberschicht Salvadors abstammte, oder abzustammen meinte. Gregório de Matos, selbst rein por-

tugiesischer Abstammung, kann natürlich nicht umhin, diese vom kreolischen Nativismus verklärte mythische Vergangenheit zum Gegenstand seines beißenden Spotts zum machen (vgl. das Gedicht über die »Häuptlinge Bahias«, »Eine Pindoba-Hos' auf halber Schwengelhöh«).
Mit der Ankunft des vom portugiesischen König ernannten General-Gouverneurs begann 1549 ein neuer Abschnitt in der Geschichte Salvadors und der Bucht der Allerheiligen. Die Gründung einer befestigten Hauptstadt im Nordosten Brasiliens war Teil des letztendlich erfolgreichen Versuchs der portugiesischen Monarchen, die junge Kolonie nicht den französischen Seeleuten und Händlern zu überlassen, die seit Jahren an verschiedenen Punkten der brasilianischen Küste auch einen lukrativen Handel mit Brasil-Holz betrieben hatten. Es war Franzosen wie Portugiesen klar, daß sie nur mit Hilfe von eingeborenen Hilfstruppen die andere, konkurrierende Kolonialmacht verdrängen konnten. Aus diesen strategischen Erwägungen heraus gab es vor allem im 16. Jahrhundert ein besonderes Interesse der portugiesischen Krone und des Gouverneurs, weiterhin freundschaftliche Beziehungen mit zumindest einigen Gruppen der brasilianischen Küstenindianer zu unterhalten, damit diese als Fußvolk in den Auseinandersetzungen mit den Franzosen, später mit den Niederländern eingesetzt werden konnten. Mit dieser Aufgabe wurden die Jesuiten beauftragt, von denen die ersten sechs schon 1549 mit dem Gouverneur nach Salvador gekommen waren.

Auf der anderen Seite gelang es erstmals in den 1530er Jahren, Zuckerrohr in Brasilien anzubauen, was vollkommen neue Kolonisationsmöglichkeiten eröffnete. In der zweiten Hälfte des 16. Jahrhunderts entwickelten sich somit zwei neue Kolonisationsmodelle. Auf der einen Seite versuchten die Jesuiten, möglichst viele Indianer in ihren Missionsdörfern anzusiedeln, und auf der anderen Seite benötigten die Siedler Arbeitskräfte für ihre neugegründeten Zuckerplantagen. Den Gouverneuren in Salvador kam die schwierige Aufgabe zu, zwischen diesen beiden im Grunde genommen antagonistischen Kolonisationsvorstellungen zu vermitteln, was den meisten nicht gelang. Die Folge war u. a. die Versklavung und die Vernichtung der bis dahin zahlreichen indianischen Völker an der Küste Bahias[1] und ihre Ersetzung durch Sklaven aus Afrika. Zur Extermination der Indianer trugen auch die von den Europäern importierten epidemischen Krankheiten bei. Während der Epidemie von 1562 z. B. starben in wenigen Monaten über 30.000 Indianer in Bahia. Die Masern-Epidemie von 1563 hatte ähnlich katastrophale Folgen, so daß sowohl die Zahl der indianischen Sklaven auf den Plantagen als auch die der Missionsindianer rapide zurückging. Den Jesuiten jedoch verblieb aus dieser Zeit eine in jeder Hinsicht wichtige Stellung in der bahianischen Gesellschaft. Im 17. Jahrhundert besaßen sie darüber hinaus selbst große Zuckerrohrplantagen an der Bucht. Die wenigen Intellektuellen der Kolonie waren entweder selbst Jesuiten oder aber hatten zumindest die Jesuitenschule in Salvador besucht. Es hat, im Gegensatz zu Hispanoamerika, keine Universitäten im kolonialen Brasilien gegeben, aber diese Jesuitenschule mit ihrer etwa 3.500 Bücher reichen Bibliothek war das wichtigste geistige Zentrum der Kolonie. Auch Gregório de Matos, wie viele andere Söhne von Plantagenbesitzern, hat hier seine ersten humanistischen Kenntnisse erworben.[2]

Zucker: Ursprung von Wachstum und Reichtum

Das Wachstum und der Reichtum Salvadors in der ersten Hälfte des 17. Jahrhundert hatten ihren Ursprung in den drei Funktionen der Stadt:
— Exporthafen einer der größten zuckerproduzierenden Regionen der Welt;
— wichtigster portugiesischer Hafen und Umschlagplatz im Südatlantik;
— administrative Hauptstadt des portugiesischen Kolonialreiches in Amerika.

Für die Zuckerproduktion erfüllte die Gegend rund um die Bucht, Recôncavo genannt, ideale Voraussetzungen. Die reichlich vorhandenen schwarzen Massapê-Böden eigneten sich vorzüglich für den Anbau von Zuckerrohr; die damals noch dichten Küstenwälder lieferten das in große Mengen benötigte Brennholz für die Zuckerherstellung und die vielen kleinen Flüsse, die in die Bucht einmündeten, garantierten einen billigen und schnellen Abtransport des fertigen Zuckers nach Salvador. Nur die Sklaven mußten jetzt aus Afrika importiert werden. 1629-30 existierten bereits 80 Zuckermühlen (engenhos) im Recôncavo, von denen jede im Durchschnitt etwa 55 t Zucker im Jahr produzierte.[3] Zuckerrohranbau und -herstellung sowie die harten Arbeitsbedingungen der Sklaven sind in vielen Quellen ausführlich dargestellt, so daß sich eine Beschreibung an dieser Stelle erübrigt.[4] Eine Besonderheit der brasilianischen und speziell der bahianischen Zuckerproduktion im Vergleich zu anderen zuckerherstellenden Regionen Lateinamerikas lag darin, daß die engenhos den größten Teil ihres Zuckers nicht selbst anbauten, sondern dies den sogenannten lavradores de cana (wörtlich = Zuckerrohrpflanzern) überließen. Sozialer Status und Reichtum der lavradores fiel sehr unterschiedlich aus. Es gab vor allem im 18. Jahrhundert farbige lavradores, die nur ein halbes Dutzend Sklaven besaßen, und Land von Plantagenbesitzern pachten mußten, meistens mit der Auflage, ihr Zuckerrohr nur in der Mühle des Landeigentümers zu mahlen. Andere lavradores besaßen selbst Land und fünfzig oder hundert Sklaven, so daß sie irgendwann den Sprung schafften und selbst Herren eines engenho werden konnten. Der Großvater von Gregório, ein aus dem Norden Portugals zugewanderter Steinmetz, sowie sein Vater und ein Bruder des Dichters gehörten zu der letzten Gruppe, daß heißt sie waren wohlhabende lavradores. Sie besaßen

Land in der Gegend Patatiba unweit des berühmten engenhos Sergipe do Conde, der »Königin des Recôncavo«, das den Jesuiten gehörte.[5]

Salvador da Bahia war ein wichtiger Hafen nicht nur für den Zuckerexport oder den Sklavenimport. Die geographisch günstige Lage machte die Stadt zu einer Zwischenstation: Sie lag im wahrsten Sinne des Wortes auf dem Weg nach Indien. Es erwies sich als vorteilhafter, Nahrungsmittel für die Weiterreise nach Indien hier zu kaufen oder Reparaturen an den Schiffen hier durchführen zu lassen als dafür die portugiesischen Stützpunkte in Afrika anzulaufen. Daraus ergaben sich wichtige Impulse für den lokalen Schiffsbau, das damit verbundene Handwerk sowie den Nahrungsmittel- und Holzhandel mit benachbarten Küstenregionen. Jedoch gelang es der Stadt nie, die vielen Einschränkungen, die die Metropole Lissabon ihren Kolonien auferlegte, zu umgehen, und die damit verbundenen Möglichkeiten konsequent auszuschöpfen.[6]

Die Hauptstadt des Vizekönigreichs

Beschränkte sich die Hauptstadtfunktion Salvadors im 16. Jahrhundert noch auf die Anwesenheit von einigen wenigen Beamten, die übergreifende Kompetenzen für die anderen kolonialen Provinzen hatten, sowie auf ein stärkeres Truppenkontigent, so wurde im 17. Jahrhundert, einhergehend mit dem Wachstum der Zuckerwirtschaft, auch die Verwaltung ausgebaut. 1609 wurde ein für die gesamte Kolonie Brasilien zuständiges Appellationsgericht (Tribunal da Relação) eingerichtet, was die Entsendung von zehn hohen Richtern (desembargadores) nach Salvador bedeutete, sowie die Einstellung einer Reihe von subalternen Beamten. Auf ähnliche Weise nahm die Zahl der Beamten und Angestellten im Zollwesen oder in der Münzprägung und anderen öffentlichen Verwaltungen zu. Auch im kirchlichen Bereich war Salvador Sitz der ersten Diozese und des ersten Erzbistums. Im 17. Jahrhundert wurde das kirchliche Appellationsgericht (Relação eclesiástica), mit drei desembargadores geschaffen, ein Amt, daß kurzfristig auch unser Dichter bekleidete. Es war zuständig für alle kirchlichen Streitfragen sowie die Zulassung von Priestern und anderen Anwärtern für den zweiten Stand.[7]

Da ein Amt Prestige und sicheres Einkommen garantierte, war Ämterhäufung eher die Regel denn die Ausnahme. Ämterkauf und die Vergabe von Ämtern durch Gouverneure und Richter an Verwandte oder Freunde trug ein weiteres dazu bei, daß die Zahl der filhos da folha (= Söhne der [Gehalts-]listen) übermäßig wuchs. Korruption und Inkompetenz der zahlreichen Amtsträger ist daher ein bevorzugtes Ziel der satirischen Gedichte Gregórios.

Bis 1698 war Salvador auch das einzige Zentrum der lokalen Selbstverwaltung in der Region. Der Gemeinderat (câmara municipal) setzte sich aus drei, von der weißen Oberschicht gewählten Gemeinderäten, zwei Gemeinderichtern und einem meist adligen Prokurator der Stadt zusammen.[8] Bis Ende des 17. Jahrhunderts spielte der Gemeinderat eine wichtige Rolle als Vertreter lokaler Interessen gegenüber den von der Krone eingesetzten Beamten (Gouverneur, Bischof, Richter des Appellationsgerichtes), eine Rolle, die erst mit der Veränderung des Wahlsystems 1696 deutlich abgeschwächt wurde. Im 17. Jahrhundert stellten daher die Eigentümer der Zuckermühlen die überwiegende Mehrheit im Gemeinderat.[9] Dem Gemeinderat kamen vielfältige Aufgaben zu. Er mußte über die lokale Gesetzgebung und die Gemeindepolizei, die innere Sicherheit, die Hygiene und die Versorgung mit Nahrungsmitteln garantieren. Für letztere war ein eigens bestimmter Beamte, der almotacé, zuständig. Darüber hinaus legte der Gemeinderat jährlich den Zuckerpreis fest, was de facto einer Schiedsrichterrolle zwischen den Interessen von Plantagenbesitzern und Händlern gleichkam. Außerdem mußte er mit seinen Einnahmen aus Steuern und eigenen Gütern Verteidigungsaufgaben bestreiten oder sogar der bankrotten Krone unter die Arme greifen. Ende des 17. Jahrhunderts etwa war der Gemeinderat verpflichtet, jährlich 90.000 cruzados - etwa der Wert von 400 Sklaven! - für die Mitgift der portugiesischen Prinzessin und den Frieden mit Holland nach Lissabon zu überweisen.[10]

Die Familie von Gregório de Matos war Teil des bahianischen Patriziates, das sich aus den Plantagenbesitzern und den großen Kaufleuten zusammensetzte. Diese etwa hundert Familien teilten unter sich die wichtigsten Ämter der Stadt auf. So hatte Gregório's Vater hintereinander die Ämter des almotacé, des Schatzmeisters und des Prokurators des Gemeinderates inne. Zwischen diesen Familien spielte sich das soziale Leben ab, das Gregório de Matos beschreibt - in den Stadthäusern der sich über dem Hafen erhebenden Cidade Alta oder auf den Herrenhäusern der Plantagen im Recôncavo. Jeder kannte jeden in dieser kleinen Welt. Ein Gesuch, dem nicht stattgegeben wurde, die Eintreibung einer überfälligen Abgabe, die Übergehung bei der Ämterverteilung - alle Konflikte wurden persönlich genommen und auch dementsprechend ausgetragen. Der Dichter selbst verwickelte sich mehrfach in Familienfehden, wie im Falle des Kriegs zwischen den Menezes und den Ravascos, der die Stadt entzweite und mit dem Mord an einem Menezes gipfelte. Gregório ergriff aufgrund seiner Freundschaft mit den Ravascos (die Familie des einflußreichen Predigers António Vieira) Partei gegen den Gouverneur Antônio de Souza de Menezes und stellte ihn als Esel dar.[11] Seine Dichtung ist nicht nur Beschreibung, sondern aktiver Bestandteil in den Auseinandersetzungen zwischen den sozialen Akteuren. Sie wurde vom Dichter bewußt als Waffe eingesetzt, sei es um einem Mächtigen zu schmeicheln, sei es um ihn lächerlich zu machen. Er schrieb sogar Lobhudeleien und Schmähgedichte über dieselben Personen und Institutionen: So ist er der Autor von drei Sonetten, mit denen die Verdienste der jeweiligen Erzbischöfe gepriesen werden, die in Salvador zwischen 1683 und 1700 im Amt waren.[12] Auf der anderen Seite sind gerade die Satiren auf die korrupte Kirche und die lüsternen Pfaffen derselben Diozese besonders zahlreich.[13] Diese Tatsache wurde von den älteren Biographen als Zeichen von Charakterlosigkeit interpretiert. Vielleicht sollte darin vielmehr, wie Rocha Peres argumentiert,[14] eine typische Charaktereigenschaft des barocken Menschen gesehen werden. Auf jeden Fall zeigt es, wie instrumentell Gregório de Matos seine Gedichte einsetzen konnte.

Dichtung und Konkjunktur

In der Mitte des 17. Jahrhunderts erzielte der brasilianische Zucker auf den europäischen Märkten seine absoluten Höchstwerte in Gold.[15] Damit erreichte die bahianische Zuckerwirtschaft, die bis dahin ständig gewachsen war, auch ihren historischen Höhepunkt. Bis zu diesem Zeiptunkt hatten nur einige außenpolitische Ereignisse das Wachstum und den Wohlstand der Pflanzer vorrübergehend beeinträchtigt. So häuften sich seit dem Ende des 16. Jahrhunderts die Versuche von englischen Korsaren, in Handstreichen Salvador oder einzelne Plantagen des Recôncavo zu plündern. Die Herrschaft der spanischen Habsburger über Portugal (1580-1640) brachte Brasilien auch die Feindschaft der ehemals verbündeten Niederlande ein. 1624 gelang es einer Flotte der niederländischen

West-Indien-Kompanie, Salvador einzunehmen und Stadt und Umgebung zu plündern. Dies führte zu einem kurzfristigen Kollaps der Zuckerwirtschaft. Ein Jahr später wurden die Niederländer vertrieben, da sie aber bis 1654 dauerhaft die Nachbarprovinz Pernambuco besetzt hielten, mußte sich Salvador weiterhin mehreren Eroberungsversuchen von seiten der Niederländer widersetzen (1627, 1638, 1646). Die Kindheit und frühe Jugend Gregório de Matos' ist durch diese Kriege mit den Niederländern geprägt worden, was sich vor allem in der großen Anzahl von Truppen bemerkbar machte, die auf Kosten der Einwohner in der Stadt lebten.[16]

Daher wurde 1649 das aufwendige und schwerfällige System der jährlichen Flotte zwischen Portugal und Salvador da Bahia eingeführt, wofür eine allgemeine Handelsgesellschaft gegründet wurde, die Companhia Geral de Comércio do Brasil.[17] Dieses System, das mit einer neuen Steuer auf den transportierten Zucker finanziert wurde, hatte den Vorteil, daß es einen sicheren Transport der Ware nach Portugal garantierte. Es hielt sich mit einigen Veränderungen bis in die zweite Hälfte des 18. Jahrhunderts. Indessen konnte der gesamte Zucker oft nicht verladen werden und mußte im Hafen bis zur Ankunft der nächsten Flotte gelagert werden. Auf diese Weise lief der übrig gebliebene Zucker Gefahr, zu verderben und unter Preis verkauft werden zu müssen. Die Frachtkosten, nun von einer Monopolgesellschaft festgelegt, schnellten in die

Höhe. Das Eintreffen der Flotte fiel meist nicht mit dem Ende der Erntezeit zusammen und bewirkte heftige Spekulationen mit dem Zucker, dessen Preis mit Ankunft und Abfahrt der Flotte beträchtlich schwankte. Da außerhalb der Flotte keine anderen Schiffe Waren für die Stadt brachten, war keine regelmäßige Versorgung mit Waren aus Europa mehr gewährleistet. In diesem Kontext sind Gedichte wie »Die allgemeine Hungersnot« (1691) entstanden, in dem »die Flotte« als Hauptursache des Übels angeprangert wird.

Wenn es der niederländischen Westindienkompanie auch nicht gelang, sich auf Dauer in Nordostbrasilien zu etablieren, so ermöglichten die gescheiterten Kolonisationsversuche jedoch einigen Niederländern, sich zumindest das know how der Portugiesen anzueignen. Sehr schnell gelang es ihnen, wie den neuen, aufstrebenen Kolonialmächten England und Frankreich, eigene Zuckerplantagen auf den Antilleninseln aufzuziehen. Da diese aufgrund ihres höheren technischen Standes bald billiger Zucker herstellen konnten, wurde Brasilien ab 1650 aus seinen traditionellen Absatzmärkten gedrängt.[18] Die portugiesische Krone weigerte sich beharrlich, die in den Zeiten günstiger Konjunktur hoch angesetzten Steuern auf den Zucker zu senken.[19] Die portugiesischen Kaufleute in Lissabon wollten nicht mehr in Zucker, sondern nur noch in Geld bezahlt werden. Diese Umstände, wie auch die allgemeine europäische Rezession des auslaufenden 17. Jahrhunderts führten zur ersten schweren Krise der bahianischen Wirtschaft in den 1680er Jahren, die nur aufgrund der europäischen Kriege von 1689-1713 zeitweilig überwunden werden konnte. Die Geldentwertung von 1688 bewirkte Preissteigerungen und verstärkte Versorgungsengpässe für die Stadtbevölkerung von Bahia. Dazu gesellte sich auch noch eine Gelbfieberepidemie (1686-91). Gregório de Matos' wichtigste Schaffensperiode fällt mit dieser tiefen Krise der bahianischen Wirtschaft zusammen. Daher ist es nicht zu verwundern, daß in einer Reihe von Gedichten seine Verzweiflung über den aktuellen »traurigen Zustand« seiner Stadt zum Ausdruck kommt. Eindeutig sind dabei die nativistischen Akzente des Dichters, der die Ursachen des Übels im kolonialen System sieht.

Das Engagement für seine Stadt hinderte ihn jedoch nicht daran, auch seine altchristlichen Vorurteile gegenüber den Indianern, Schwarzen und Mulatten oder gegenüber allen Arrivisten in der Neuen Welt in seiner Dichtung zum Ausdruck zu bringen.

Dichtung als soziale Chronik

Dieser Widerspruch ist teil seiner schillernden Persönlichkeit: Er ist Sohn einer Familie »reinen Blutes«, d. h. »Weiß« und »altchristlich«,[20] aber in der Neuen Welt geboren, wo die weißen Kinder von schwarzen Ammen gestillt und in den Schlaf gewiegt wurden. Er wächst auf in einer Stadt, die Teil des portugiesischen Kolonialreichs war, in der die Weißen jedoch nur eine kleine Minderheit stellten. Die dominante portugiesische Kultur sah sich ständig mit dem zähen Fortbestehen von indianischen Traditionen und afrikanischen Kulturen konfrontiert, gegen die sie sich erst noch durchsetzen mußte. Der langwierige Prozeß der Europäisierung der brasilianischen Kultur führte in den drei Jahrhunderten Kolonialzeit nur teilweise zum Erfolg. Im Zeitalter von Gregório de Matos begnügte sich die herrschende portugiesische Kultur oft damit, vielen Sachen nur einen europäischen Anstrich zu geben. Zu dieser Zeit etwa war der Gebrauch der língua geral, einer standardisierten Form des Tupi, noch weit im Landesinnern verbreitet, genauso wie in den Straßen von Salvador die verschiedensten afrikanischen Sprachen zu hören waren. Wir können uns vorstellen, daß Gregório de Matos, nachdem er 32 Jahre in Portugal verbracht hatte, nach seiner Rückkehr 1683 besonders beeindruckt war von diesem vertrauten, von der urbanen Realität portugiesischer Städte jedoch so verschiedenem Salvador. Leider konnten die Sozialgeschichte der Stadt von der Historiographie bisher kaum aufgearbeitet werden. Zwar finden sich in den Archiven recht genaue Angaben über die Mengen des produzierten und exportierten Zuckers im 17. Jahrhundert, aber es gibt für diesen Zeitraum keine einzige Bevölkerungserhebung.[21] So müssen wir uns mit der Schätzung begnügen, daß Salvador von etwa 10.000 Einwohnern Anfang des 17. Jahrhunderts auf etwa 20.000 Einwohner und etwa 4.000 Haushalte (»Feuerstellen«) Ende des 17. Jahrhunderts angewachsen war.[22]

Bei vielen Quellen ist zudem große Vorsicht angebracht: die Einschätzungen der wenigen europäischen Reisenden, die Salvador um diese Zeit besucht haben, beruhen auf sehr oberflächlichen Beobachtungen, die vor allem durch den kurzen Aufenthalt und die Vorurteile der Autoren geprägt sind. Wenn etwa ein französischer Ingenieur schreibt, »daß man also allemahl vor einem Weißen mehr als zwantzig Schwarze findet«,[23] so ist daraus weniger abzuleiten, daß 95% der Bevölkerung Salvadors Schwarze waren, als vielmehr die Tatsache, daß die Sklaven und die freie »farbige« Bevölkerung das Straßenbild prägten und die Weißen entweder zu Hause blieben oder sich nur in Sänften und Hängematten durch die Gegend tragen ließen.

Besonders unbefriedigend sind unsere Kenntnisse im Bereich der Kultur. Das religiöse Leben der Stadt war geprägt von zahlreichen christlichen Laienbruderschaften, die sich nach Klassen-, Hautfarbe- und ethnischen Kriterien organisierten, sowie die Kulte, die die Sklaven aus Afrika mitgebrachten hatten. Aber nur die reichsten Brüderschaften haben genug schriftliche Quellen hinterlassen, die eine Rekonstruktion ihrer Geschichte erlaubt.[24] Über die batuques (generische Bezeichnung für alle Feste der Schwarzen in der Kolonialzeit) wissen wir so gut wie nichts.

Die Beschreibungen von volkstümlichen Festen religiösen Charakters, in denen der Reichtum und die Vielfalt der nebeneinander existierenden und sich gegeseitig beeinflussenden Kulturen zum Ausdruck kam, beschränken sich in der Regel auf Darstellungen wie die folgende über die Prozession der Heiligen Sakramente in Salvador:

[...] die sehr beachtlich ist in dieser Stadt wegen einer eindrucksvollen Anzahl von Kreuzen, und Schreinen, die reich verziert sind, bewaffnete Truppen, Handwerkergilden, Brüderschaften und Klerus, und sehr lächerlich wegen der Mengen von Masken, Instrumenten und Tänzern, die durch ihre lasziven Posen den ordentlichen Verlauf dieser heiligen Zeremonie stören.[25]

Um wieviel aussagekräftiger sind in dieser Hinsicht die Gedichte von Gregório de Matos über den damaligen Karnaval (festa do entrudo), die Tänze der Mulattinnen oder die Prozessionen.

Noch schwieriger wird es bei der Sittengeschichte. Als Beispiel für das Aneinanderreihen von Vorurteilen eines europäischen Reisenden sei hier wieder Froger angeführt, der über Salvador im Jahre 1696 schrieb:

Die Einwohner (mit Ausnahme des niedrigen Volkes, das außerordentlich frech ist), sind sauber, höflich und ehrlich; sie sind reich, lieben den Handel, und die meisten sind jüdischer Rasse [...] Sie lieben das Geschlechtsleben bis zum Wahnsinn, und bewahren die Frauen, die im übrigen zu beleiden sind, vor nichts: denn diese sehen nie

jemanden, und dürfen nur sonntags früh zur Messe gehen; die Männer sind ausgesprochen eifersüchtig, und es ist für einen Mann, der seiner Frau ihre Untreue beweisen kann, eine Ehre, sie zu erdolchen. Dies hat einige von den Frauen aber nicht daran gehindert, einen Weg zu finden, um unseren Franzosen ihr Wohlwollen mitzuteilen, da sie unsere angenehmen und freien Sitten zu schätzen wissen.[26]
Die meisten zeitgenössischen wie auch die späteren Autoren begnügen sich damit, die allgemeine Promiskuität, und insbesondere die der unteren Klassen und der Sklaven zu beklagen. Daraus ist jedoch nur das unterschiedliche (öffentliche) Sexualverhalten dieser Autoren zu folgern. Um so konkreter und vielfältiger ist das Bild, das Gregório de Matos uns in seinen Gedichten vermittelt. Hier wird verständlich, wie ein altchristlicher fidalgo, um einer Mulattin zu gefallen, seine rassistischen Vorurteile soweit zurücksteckt, daß er sogar »ihr Schwarzer« sein will (»Jelú: Seid braune Schönheit...«). Oder wie ein voyeuristischer Geistlicher eine Mulattin vom Glockenturm seiner Kirche aus beobachtet (»Ehrwürdiger Bruder Sovela«). Ob Sodomie, Menstruation oder die unterschiedlichen hygienischen Vorstellungen (»Das Waschen ist erst nachher von Belange«), kein Bereich des Privaten bleibt ausgespart, keine Vokabeln oder Personen sind tabu. Der Dichter scheut sich nicht, Jesus und Arsch (Jesu/cu) zu reimen und denselben als Sodomiten hinzustellen.[27] Er integriert die Neologismen des kolonialen Brasiliens in seine Dichtung (»Eine Pindoba-

Hos' auf halber Schwengelhöhe«).[28] Daher bleiben seine Gedichte bis heute die beste Quelle für eine Sozialgeschichte der Hauptstadt des portugiesischen Amerikas.

Anmerkungen

1   John Hemming schätzt ihre Zahl auf 149.000 (vgl. Red Gold: The Conquest of the Brazilian Indians, Harvard 1978, S. 495).
2   Als der Gemeinderat Salvadors den Dichter 1672 zum Interessenvertreter der Stadt in Portugal ernannte, wurde ihm nahegelegt, auf den portugiesischen König einzuwirken, um eine diesbezügliche negative Entscheidung zu widerrufen. Doch Gregório rührte sich nicht. Salvador mußte bis zur Unabhängigkeit warten, bis hier die erste Fakultät gegründet werden konnte (Vgl. zu dieser Episode Pedro Calmon, A vida espantosa de Gregório de Matos. Rio de Janeiro, 1983, S. 34).
3   Vgl. Stuart B. Schwartz, Sugar Plantations in the Formation of Brazilian Society. Bahia, 1550-1835. Cambridge, S. 177.
4   Vgl. etwa die berühmte Abhandlung des Jesuiten Andreoni (Antonil), Cultura e opulência do Brasil (1711). Die umfassendste moderne Darstellung der kolonialen bahianischen Plantagenwirtschaft ist die Arbeit von Schwartz, op. cit.
5   Vgl. Fernando da Rocha Peres, Gregório de Mattos e Guerra: uma re-visão biográfica. Salvador 1983, S. 37.
6   Vgl. José Roberto do Amaral Lapa, A Bahia e a Carreira da India. São Paulo, 1968, S. 302-304.
7   Vgl. Luiz dos Santos Vilhena, A Bahia no século XVIII, Salvador, 1969, S. 453.
8   Die jüngere Forschung unterscheidet jedoch zwischen der allgemeinen Venalität und Inkompetenz der unteren Chargen und der Profisionalität der hohen Amtsträger (Vgl. Stuart B.

	Schwartz, A magistratura e a sociedade no Brasil Colônia, in: Revista do Instituto Histórico e Geográfico Brasileiro, 296 (1972), S. 8).
9	Von 1641 bis 1713 waren auch vier Repräsentanten der Handwerker und armen Freien vertreten, die jedoch nur eingeschränkte Rechte genossen.
10	Erst nach der Gründung von drei neuen Gemeinden im Recôncavo (1698) begannen vor allem die weiter entfernt lebenden Plantagenbesitzer, lokalpolitische Interessen verstärkt außerhalb Salvadors wahrzunehmen.
11	Diese Abgabe war unter dem Namen dote de Inglaterra e paz de Holanda bekannt. Vgl. Charles R. Boxer, Portuguesse Society in the Tropics. The Municipal Councils of Goa, Macao, Bahia and Luanda, 1510-1800. Madison and Milwaukee 1965, S. 79-80.
12	Vgl. das Gedicht »Senhor Antão de Souza de Menezes« in dieser Ausgabe.
13	Da die Satiren origineller sind als seine Lobgedichte, die dem damals üblichen Kanon folgten, wurden in dieser Auswahl nur die ersten berücksichtigt.
14	Vgl. die Gedichte »Was fehlt hier weit und breit?«, »In Bahia unser Dom« und »Reverendo Frei Sovela«.
15	Vgl. Rocha Peres, op. cit., S. 87.
16	Vgl. Roberto C. Simonsen, História econômica do Brasil, 1500-1820. 3. Aufl., São Paulo, 1957, S. 114-15.
17	Vgl. Rocha Peres, op. cit., S. 42.
18	Die Rolle Antônio Vieira's war maßgebend für die Gründung dieser Gesellschaft, an der hauptsächlich konvertierte Christen, sogenannte cristãos novos beteiligt waren.
19	1630 waren 80% des in London gehandelten Zuckers brasilianischer Herkunft, 1670 waren es nur noch 40% und 1690 nur

noch 10%. Vgl. Stuart B. Schwartz, Sugar Plantations, op. cit., S. 183.
20 Vgl. Charles R. Boxer, op. cit., S. 81.
21 In Portugal wurden die Juden ab 1492 gezwungen, zum Christentum zu konvertieren. Als Altchristen wurden auf der iberischen Halbinsel alle nicht rezent konvertierten Spanier und Portugiesen bezeichnet. Damit wurde ihr angeblich nichtjüdischer bzw. nichtmaurischer Ursprung im Gegensatz zu den Neuchristen betont. Die massive Verfolgung und institutionelle Diskriminierung der konvertierten Neuchristen (cristãos novos) begann in der zweiten Hälfte des 16. Jahrhunderts und erreichte im 17. Jahrhundert seinen Höhepunkt. Viele Neuchristen wanderten nach Brasilien aus, in der Hoffnung, hier der Verfolgung leichter entgehen zu können. Über die Neuchristen in Salvador, vgl. Anita Novinsky, Cristãos novos na Bahia, 1624-54. São Paulo, 1972.
22 Die ersten zensusähnlichen Erhebungen stammen aus der zweiten Hälfte des 18. Jahrhunderts.
23 Vgl. Thales de Azevedo, Povoamento da cidade do Salvador. Salvador, 1969, S. 185.
24 Amedée François Frezier, Allerneueste Reise nach der Süd-See und den Küsten von Chili, Peru und Brasilien. Hamburg, 1718, Kap. XVI, S. 388-400.
25 Vgl. etwa für die Stiftung Santa Casa da Misericórdia in Salvador die Arbeit von A. J. R. Russell-Wood, Fidalgos e Filantropos. A Santa Casa da Misericòrdia da Bahia, 1550-1755. Brasília, 1981.
26 F. Froger, Relation d'un voyage fait en 1695, 1996 & 1697 aux Côtes d'Afrique, Détroit de Magellan, Brezil, Cayenne & Isles Antilles. Paris, 1698, S. 130-31.
27 F. Froger, op. cit., S. 136-37.

28 Der Dichter wurde wegen dieser und ähnlicher Äußerungen bei der Inquisition denunziert. Vor der Verfolgung durch das Tribunal konnte er sich nur aufgrund des Prestiges seiner Familie sowie seiner exzellenten Beziehungen zu einigen einflußreichen und mächtigen Personen retten. Für den genauen Wortlaut der Denunziation von Antônio Roiz da Costa, vgl. Fernando da Rocha Peres, Gregório de Matos e a Inquisição. Salvador, 1987, S. 18-19.

Gregório de Matos: Ein poète maudit Kolonial-Brasiliens

Carlos Alberto Azevedo

Gregório de Matos e Guerra (1636-1695/96(?)) mit dem Beinamen »Höllenmaul«, war unser erster poète maudit. Sein engster geistiger Verwandter war François Rabelais (1494-1553), der Autor von Gargantua und Pantagruel. Beide waren sie Außenseiter und Irrgläubige. Sie trotzten den Mächtigen, spotteten über die Geistlichkeit, lachten über anerkannte Wissenschaften, das heißt über das verschimmelte Wissen der Professoren der alten Sorbonne und über das unnütze Wissen der eingebildeten jesuitischen Lehrer der Universität von Coimbra. Diese also schonte Gregório de Matos nicht, er karikierte sie erbarmungslos.
Jean Cocteau behauptete einmal, Rabelais »war die Eingeweide Frankreichs, die große Orgel einer mit teuflischen Fratzen und dem Lächeln von Engeln gefüllten Kathedrale.«[1] Und was wäre das »Höllenmaul« dann gewesen? Die Eingeweide Kolonial-Brasiliens?
Nein, Gregório de Matos e Guerra (GMG) war vor allem die Stimme des kritischen Bewußtseins, die zum ersten Mal Salvador da Bahia, die Hauptstadt des portugiesischen Amerika, streifte. Es heißt ganz zu recht, daß das »Höllenmaul« nicht allein war. Es gab eine andere Stimme, die sich ebenfalls Achtung verschaffte. Diese war jedoch gemäßig-

ter, nüchterner, von einwandfreiem Ansehen und elegant männlich, wenn es darum ging, an den Sitten des kolonialen brasilianischen Lebens Kritik zu üben. Es war die Stimme des Jesuiten Antonio Vieira (1608-1697), der ein Verteidiger der Freiheit der Indianer war, ein Anwalt der zum Christentum Bekehrten, ein Mann des öffentlichen Lebens, ein Diplomat, ein ehrwürdiger Redner; einer der größten Prediger seiner Zeit. Aber leider hatten seine Predigten nicht die Kraft der bissigen Satiren des Poeten aus Bahia. Vieira selbst versicherte einmal, »die Satiren des Dichters haben größere Früchte hervorgebracht als die Missionsarbeit des Jesuiten.«[2]
Selbstverständlich gab es andere Stimmen, andere Meinungsäußerungen. Aber diese befaßten sich mit der Großartigkeit Brasiliens; sie malten in einheimischen Farben, rühmten die Landschaft Bahias, sprachen besonders von der tropischen Pflanzen- und Tierwelt. Dabei vergaßen sie jedoch die Menschen, die kolonialen und barocken Menschen, die zwischen zwei Welten gespalten waren, zwischen der Kolonie und der Metropole; die in ihrer Mehrheit in Bahia, dem Verwaltungszentrum des portugiesischen Amerika, lebten.
Gregório de Matos und der Pater Antonio Vieira sind die markantesten Gestalten unseres 17. Jahrhunderts.

***

Tatsächlich gibt es drei grundlegende Seiten, die aus der Dichtkunst Gregório des Matos' hervortreten: 1. die satirische, 2. die lyrische und 3. die kirchliche. Aber ich glaube, daß die Stärke des Dichters in der ersten von ihnen liegt. Was seine religiösen Gedichte voller Unruhe und Existenzangst betrifft, haben sie dem Werk der brasilianischen Barden nichts Neues hinzugefügt, denn es sind mittelmäßige Gedichte ohne jede Originalität [3], von Violante do Céu (1602-1693) beeinflußt. »Gregório mündet nicht in den von der hohen barocken Dichtkunst erreichten religiösen Eros eines Dante oder Donne, eines Silesius oder einer Sor Juana Inés de la Cruz.« [4]

Schließlich ist Gregório de Matos ein Satiriker par excellence; hier spürt man wirklich seine Größe. »In seiner gesamten Dichtung wachsen und bewegen sich Spott und Anklage mit der Kraft klangvoller Spielereien, grotesker Reime, knapper und blitzender Syntax, schneidenden, wenn nicht zerfetzenden, Wortschatzes; all dies gibt dem Stil Gregório de Matos' einen Schwung, der in der ganzen Geschichte der brasilianischen Satire nie wieder erreicht worden ist.« [5]

Man kann nicht leugnen, daß Gregórios satirische Sonette eine entfernte Ähnlichkeit mit den Vorbildern von Francisco de Quevedo y Villegas (1580-1645) haben; der erhobene Zeigefinger von Quevedo weist auf die Satire Gregórios hin. Aber es muß vor allem klargestellt werden daß Matos kein Epigone von Quevedo war, kein Imitator von geringem Verdienst. Es wäre übrigens besser, von Intertextualität [6] anstatt von Einfluß zu reden. Es gab einen Dialog (poetische Intertextualität) zwischen Matos und Quevedo. Zweifellos war der Dichter ein eifriger Leser von Quevedo sowie von Luís de Góngora (1561-1627). Ich bin nicht der erste, der diese Tatsache feststellt.[7] Man muß berücksichtigen, daß »die Beziehung zwischen den Meinungen unterschiedlicher Epochen und unterschiedlicher Sprachgebiete nicht neu ist, wir können sogar sagen, daß sie schon immer die Tätigkeit der Dichter gekennzeichnet hat. Zu allen Zeiten ist der literarische Text in Beziehung zu anderen, vorausgegangenen oder zeitgenössischen Texten entstanden; die Literatur wird immer von oder in der Literatur geboren. Es genügt, auf die thematischen und formalen Verbindungen zahlloser großer Werke der Vergangenheit zur Bibel hinzuweisen, zu den griechisch-lateinischen Texten, zu unmittelbar vorhergegangenen literarischen Werken, die ihnen als Strukturmodelle und Quelle für »Zitate«, Personen und Situationen dienten (Die Göttliche Komödie, Die Lusiaden, Don Quijote, etc.)«.[8]

* * *

Gregório de Matos' spanische Quellen sind nicht immer gut dargestellt worden, deshalb lastet auf ihm der Vorwurf des Plagiats. Aber es ist allen Lesern des schriftlich festgehaltenen Werkes von Matos bekannt, daß das »Höllenmaul« zu keiner Zeit seine Gedichte niedergeschrieben hat. Sie

zirkulierten mündlich, dem Publikumsgeschmack folgend.
In gleicher Weise laufen bis heute im Hinterland des
brasilianischen Nordostens, dem »Sertão«, die Heldentaten
Karls des Großen oder der zwölf Pairs von Frankreich von
Mund zu Mund, die traurige Geschichte von Robert dem
Teufel, dem Herzog der Normandie, und viele andere Geschichten, in Versen europäischer Tradition, die von den
portugiesischen Kolonisten im 16. Jahrhundert mitgebracht
und vom Volk, das sie aus dem Munde unserer Minnesänger
gehört hatte, nacherzählt wurden. Gregório de Matos war
dieser Tradition der Gedächtnisüberlieferung der Poesie
verbunden. Seine poetische Chronik überflutete - als
Schmähschrift der Kolonialzeit - Straßen, kleinste Wege
und Gäßchen; sie drang in die Paläste der Edelmänner ein,
in das Kolleg der Jesuiten, in den Gouverneurspalast, breitete sich in der Umgebung von Salvador aus und erreichte das
Recôncavo. »Es ist hier, im bahianischen Recôncavo, der
Region von Bahia de Todos os Santos, wo seine Familienangehörigen Zuckerrohr anbauten, eine Zuckermühle und
Sklaven besaßen, wo GMG sich mit Brasilien aussöhnte (...)
und den größten Teil seiner Volksdichtung schuf« [9].
So also zirkulierte das Werk Gregórios. Als der Dichter 1694
nach Angola verbannt wurde, gab es jemand, der dafür
sorgte, daß die Dichtung des »Höllenmauls« bewahrt wurde,
indem er ein weißes Buch im Gouverneurspalast auslegte,
damit darin die Gedichte Gregórios eingetragen würden, die
sich mündlich in der Stadt ausgebreitet hatten. Das ganze

Volk eilte zum Palast, um das Werk des Dichters »zu schreiben«, sagen die Biographen von GMG.

* * *

Ich kehre noch einmal zu der Frage Matos vs. Quevedo zurück. Wenn auch der Zeigefinger des Francisco Quevedo in einigen satirischen Gedichten Gregório de Matos' erscheint ... war es im Barock nicht die Norm, den Meister nachzuahmen? Nicht nur, ihn nachzuahmen, sondern auch, ihn zu übersetzen [10]. Ich wiederhole: Ich halte Gregório nicht für einen Epigonen von Quevedo. Ich verbürge mich dafür, daß viele Satiren des brasilianischen Dichters denen seines spanischen Meisters überlegen waren. Betrachten wir zum Beispiel Die Satire von den Katzen. Wie man weiß, wurde sie zunächst von Quevedo geschrieben [11]. Matos nimmt nur das Thema wieder auf (wie mit Katzenkrallen stehlen); übrigens heißt es, daß dies im Brasilien des 17. Jahrhunderts, in dem die Korruption sich frei entfaltete, ein aktuelles Thema war. Gregório de Matos e Guerra verstand es, Nutzen aus dem Modell Quevedos zu ziehen; er aktualisierte die Satire (Katzen und Gauner wurden in denselben Sack gesteckt [»Katzen« und »Gauner« im Portugiesischen »gatos« und »gatunos«; Anm. d. Übers.]), er gab ihr einen lokalen Anstrich und übte Kritik an der Bahianer Gesellschaft und darüber hinaus an der Gesellschaft des Mutterlandes (in vielen seiner Gedichte spielt GMG kritisch auf die koloniale

Vorherrschaft an). In dieser Satire nimmt er auch einen intertextuellen Dialog mit der Kunst des Stehlens auf, ein anonymes Werk des 17. Jahrhunderts, das dem Pater Antonio Vieira zugesprochen wird, aber wahrscheinlich der Autorenschaft von Manuel da Costa zuzurechnen ist, ebenfalls ein Jesuit - »in der Mitte des 17. Jahrhunderts geschrieben, stellte dieses Buch eine nachdrückliche Bloßstellung der allgemeinen Korruption der Epoche dar, vor allem in der höheren Beamtenschaft und im bürgerlichen Finanzgeschäft. Der Autor nimmt einen zynischen Ton an und schenkt uns, im Gewand der Preziosität der Konzeptisten, eine der nachdrücklichsten Schmähschriften unserer Literatur« [12].
Sicher hat Gregório de Matos die Kunst des Stehlens in Coimbra während der Zeit, als er dort studierte (1652 bis 1660), gelesen, denn diese Schmähschrift war in Portugal heimlich im Umlauf. Erst 1744 erschien in Amsterdam die erste gedruckte Ausgabe von der Kunst des Stehlens [13]. Es ist bemerkenswert, daß das »Höllenmaul« die Schmähliteratur des Mutterlandes verfolgte, die mit Hilfe von handschriftlichen Kopien verbreitet wurde. Der Dialog, den er mit dieser »subversiven« Literatur aufrecht erhielt, war ergiebig, und das Resultat daraus ist das satirische Gedicht Marinícolas, das gegen den Vorsteher der Münzanstalt, Nicolau de Oliveira, gerichtet ist. Marinícolas ist die wichtigste »verleumderische« Schmähschrift seiner portugiesischen Phase.

Der intertextuelle poetische Dialog, den GMG besonders mit Francisco de Quevedo unterhielt, war ursächlich für die Entwicklung seiner »lästernden Leier«. Und nicht nur das, durch diesen fruchtbaren Dialog mit der Quevedianischen Rebellion lernte Gregório zu lachen, zu lachen über seine Zeitgenossen, zu lachen über seine Gesellschaft, bis dahin, Jesus herausfordernd, über die Inquisition zu lachen.
Seine geistigen Brüder, Rabelais und Francois Villon (1431-1463), lachten karnevalistisch über die Gesellschaft - in einer Epoche, in der die Kultur des Lachens die Ideologie der Ernsthaftigkeit bedrohte. Aber das Lachen Gregórios ist ein anderes... Man spricht viel von dem karnevalistischen Lachen des »Höllenmauls«, dem Rabelaisschen Lachen, wiederentdeckt von Bakhtine [14]. Ich ziehe es vor, nicht in dieses Wiederholungsspiel der brasilianischen Literaturkritik zu verfallen, die ausschließlich das karnevalistische Lachen unserer »poètes maudits« bemerkt. Von Gregório bis Oswald de Andrade, das Lachen ist für unsere Kritiker immer von derselben Art: karnevalistisch. Ich sehe dagegen in den Satiren von GMG nur das Groteske der kolonialen brasilianischen Gesellschaft: Zivilisation und Barbarei nebeneinander. In einem auf traurige Weise lächerlichen Salvador: »Oh trauriges Bahia! Wie wenig Ähnlichkeit hast du, hab ich mit unserem alten Zustand!«

Aus dem brasilianischen Portugiesisch von Helga Reeck.

Anmerkungen

1. Zitiert nach M. de Diéguez. Rabelais par lui-même (Collections Écrivains de toujours 48) Paris: Seuil, 1965, S. 145.
2. Zitiert nach Agripino Grieco. Poetas e prosadores do Brasil. Lissabon: Edições Livros do Brasil, 1979, S. 9.
3. Nach Letícia Malard, »vermeidet die Liebesdichtung von Gregório de Matos so wenig wie seine religiöse die barocke Tendenz zum Klischee«. (Malard: Escritos de literatura brasileira. Belo Horizonte: Comunicação, 1981, S. 49).
4. Bosi, Alfredo. História concisa da literatura brasileira. São Paulo: Cultrix, 1987, S. 44.
5. Bosi, a.a.O., S. 45.
6. »Als Intertextualität bezeichnet Julia Kristeva, daß ein literarischer Text Reaktion auf verschiedene andere, Neulesen und Umschreiben bereits vorhandener Texte ist.« Grundzüge der Literatur- und Sprachwissenschaft. Herausgegeben von H.L. Arnold und V. Sinemus, Band 1. München, 1991, S. 475.
7. Zu diesem Thema siehe den Aufsatz von J.C. Teixeira Gomes. Gregório de Matos, O Boca de Brasa - Um estudo de plágio e criação intertextual. Petrópolis: Vozes, 1985.
8. Perrone-Moisés, Leyla. Texto, crítica, escritura. São Paulo: Atica, 1978, S. 59.
9. Peres, Fernando da Rocha. Gregório de Matos e Guerra: uma revisão biográfica. Salvador: Ed. Macunaíma, 1983, S. 89.
10. Zu diesem Thema siehe die Studie von Haroldo de Campos: O seqüestro do barroco na formação da literatura brasileira: o caso Gregório de Matos. Fund. Casa de Jorge Amado, 1989.
11. Quevedo, Francisco de. Consultación de los gatos, en cuya figura también se castigan costumbres y aruños, in Poesía original completa. In der Ausgabe von J.M. Blecua. Barcelona: Planeta, 1981, S. 967-73.

12 Saraiva, António José. História da literatura portuguesa. Lissabon: Livraria Bertrand, 1979, S. 99.
13 Siehe Bismut, Roger. Sur un project d'édition critique de »Arte de furtar«, in Critique Textuelle Portugaise, Fundação C. Gulbenkian, Centre Culturel Portugais, Paris, 1986, S. 259-267.
14 Bakhtine, Mikhail. L'oeuvre de François Rabelais et la culture populaire au Moyen ge et sous la Renaissance. Paris: Gallimard, 1970. Von demselben Autor: Literatur und Karnaval - Zur Romantheorie und Lachkultur. Berlin: Ullstein, 1985.

Zeittafel

1636	(23. 12.) Gregório de Matos e Guerra wird in Salvador da Bahia/Brasilien als Sohn des Edelmanns (fidalgo) Gregório de Matos und von Maria de Guerra geboren
1642-50	Besuch des Jesuitenkollegs von Salvador
1650	Übersiedlung nach Lissabon
1652-61	Jurastudium an der Universität Coimbra. Abschluß in kanonischem Recht
1661	Heirat mit Dona Michaela de Andrade in Lissabon
1663	Ernennung zum ordentlichen Richter (juiz de fora) in Alcácer do Sal
1665-65	Vorsteher der frommen Stiftung 'Santa Casa de Misericórdia' in Alcácer do Sal
1668 und 1674	Vertreter seiner Heimatstadt Salvador in der portugiesischen Ständeversammlung (Cortes) in Lissabon

1671	Ernennung zum Richter (juiz do cível) in Lissabon
1674	Taufe seiner unehelichen Tochter Francisca
1678	Tod seiner ersten Frau Michaela de Andrade
1679	Ernennung zum Richter am kirchlichen Appelationsgericht (desembargador da Relação Eclesiástica) in Salvador
1681	Empfang der Tonsur und der niederen Weihen
1682	Ernennung zum Hauptschatzmeister der Diözese Veröffentlichung seiner Urteile in Portugal durch den Rechtsgelehrten Emanoel Alvarez Pegas
1683	Übersiedlung nach Salvador Gregório de Matos wird seiner kirchlichen Ämter durch den neuen Erzbischof enthoben, weil er keine Soutane tragen will und sich nicht den höheren Weihen unterziehen will
1684	Der Dichter beginnt mit seinen Ausflügen durch das Recôncavo, die Region um die Bucht

von Salvador (Baía de Todos os Santos)
Seine grotesken, satirischen, erotischen, pornographischen und religiösen Gedichte finden schnelle Verbreitung

168?   Heirat mit Maria de Povos (oder de Póvoas)

1685   Gregório de Matos wird von Antônio Roiz da Costa bei der Inquisition denunziert

1694   Aufgrund seiner Satire über den Gouverneur von Bahia, Antonio Luiz Gonçalves da Câmara Coutinho (1690-94) als »schwulen Betbruder« wird ihm von den Söhnen desselben gedroht, ihn umzubringen. Der Dichter wird daher von dessen Nachfolger, João de Lencastre, mit dem er persönlich befreundet ist, zu seinem eigenem Schutz - jedoch ohne seine Zustimmung - nach Angola verbannt.

1694   Ankunft in Luanda. Anläßlich einer Truppenerhebung gegen den Gouverneur Henrique Jacques Magalhães trägt Gregório de Matos zur Festnahme und Verurteilung der Köpfe des Aufstandes bei. Zur Belohnung wird ihm erlaubt, nach Brasilien zurückzukehren. Er darf sich jedoch nicht mehr in Salvador, sondem nur in der Hafenstadt Recife (Pernambuco) niederlassen

1695   Rückkehr nach Brasilien. Am 26. 11. stirbt der Dichter im Alter von 59 Jahren an einer Krankheit, mit der er sich angeblich schon in Afrika infiziert hatte, arm und verlassen in Recife.

1850   Erste Veröffentlichung von 39 Gedichten durch den Historiker Francisco Adolfo Varnhagen in Lissabon

1923-33   Erste sechsbändige Ausgabe des Werkes von Gregório de Matos durch Afrânio Peixoto und die Academia Brasileira de Letras. Die als pornographisch eingestuften Gedichte werden jedoch nicht veröffentlicht

1968   Erste Ausgabe des Gesamtwerkes in sieben Bänden durch James Amado.

1969   Die brasilianischen Militärs betrachten das Werk von Gregório de Matos als »subversiv, antiklerikal und pornographisch«. Der Oberbefehlshaber der 6. Militärregion (Bahia), General Abdon Sena, verlangt daher vom

Gouverneur des Bundesstaates Bahia die Beschlagnahmung aller Exemplare der Werkausgabe von James Amado.

1991 Neuauflage der Ausgabe von James Amado mit Anmerkungen und Fußnoten von Emanuel Araújo.

Quellen: Fernando da Rocha Peres, Gregório de Mattos e Guerra: Uma re-visão biográfica. Salvador, 1983 sowie ders., Notação biográfica, Ms., 1992 und Higino Barros, Escritos de Gregório de Matos. Porto Alegre, 1986.

Der Dichter kritisiert seine Stadt: Satiren auf Kirche, Adel und Obrigkeit

Descreve o que era naquele tempo a cidade da Bahia

A cada canto um grande conselheiro,
Que nos quer governar cabana, e vinha,
Não sabem governar sua cozinha,
E podem governar o mundo inteiro.

Em cada porta um freqüentado olheiro,
Que a vida do vizinho, e da vizinha
Pesquisa, escuta, espreita e esquadrinha
Para a levar à Praça e ao Terreiro.

Muitos mulatos desavergonhados,
Trazidos pelos pés os homens nobres,
Posta nas palmas toda a picardia.

Estupendas usuras nos mercados,
Todos, os que não furtam, muito pobres,
E eis aqui a cidade da Bahia.

Beschreibt, was damals die Stadt Bahia wirklich war, in der zuviel Ränke geschmiedet wurden und die nicht weniger konfus war.

An jeder Ecke hier ein großer Rat
Der Hütte uns und Weinstock will regieren
Die eig'ne Küche können sie nicht führen
Regieren aber alle Welt im Staat.

An jeder Tür ein Spitzel früh bis spat
Der Nachbar's Leben soll examinieren
Tut lauschen, stöbern, spähen, spionieren
Sé und Terreiro[1] hören's Resultat.

Viele Mulatten voller Dreistigkeit
Die edlen Herrn sind getreten heute
Die Schelmerei zeigt sich gar frei heraus

Der Wucher ungeheuer weit und breit
Die, die nicht stehlen, sind sehr arme Leute
Seht her, so sieht die Stadt Bahia aus.

Define a sua cidade

Mote

De dous ff se compõe
esta cidade a meu ver
um furtar, outro foder

Recopilou-se o direito
e quem o recopilou
com dous ff o explicou
por estar feito, e bem feito:
por bem Digesto, e Colheito
só com dous ff o expõe,
e assim quem os olhos põe,
no trato, que aqui se encerra,
há de dizer, que esta terra
De dous ff se compõe

Se de dous ff composta
está a nossa Bahia,
errada a ortografia
a grande dano está posta:
eu quero fazer aposta,

Der Dichter definiert seine Stadt

Motto

Aus s und f besteht
Die Stadt in meinen Blicken:
Das eine stehlen und das andere ficken.

Das Recht ward' kompiliert
Und wer's zusammenstellte
Mit s und f er es erhellte
Weil's statuiert, fein formuliert
Weil's fein verdauet und studiert
Nur mit sf er's ausgelegt
Und wer die Augen nun bewegt
Auf den Vertrag, der hier benannt
Muß seh'n und sagen, daß dies Land
Aus s und f besteht.

Wenn aus sf zuletzt
Besteht uns're Bahia
Durch falsch' Orthographia
Ist großem Leid sie ausgesetzt

e quero um tostão perder,
que isso a há de preverter,
se o furtar e o foder bem
não são os ff que tem
Esta cidade a meu ver.

Provo a conjetura já
prontamente como um brinco:
Bahia tem letras cinco
que são B-A-H-I-A:
logo ninguém me dirá
que dous ff chega a ter,
pois nenhum contém sequer,
salvo se em boa verdade
são os ff da cidade
um furtar, outro foder.

Und ich werd wetten jetzt
Und will verliern 'nen Nickel
- so nehm' ich sie am Wickel -
Wenn's nicht gut stehlen und gut ficken sind
Das s und f, das sag' ich hier geschwind
Der Stadt in meinen Blicken.

Und schon beweise ich die Konjektur
Hier auf der Stelle und ganz akkurat
Daß die Bahia bloß fünf Lettern hat
Als wären das B-A-H-I-A nur
Und folglich sagt mir keine Kreatur
Hier s und f herauszupicken
Wenn keins von beiden wir erblicken
Mit Vorbehalt jedoch, wenn in der Tat
Es diese sind, das s und f der Stadt:
Das eine stehlen und das andre ficken.

Torna a definir o poeta os maus modos de obrar na governança da Bahia, principalmente naquela universal fome, que padecia a cidade.

1

Que falta nesta cidade? .... Verdade
Que mais por sua desonra. .... Honra
Falta mais que se lhe ponha .... Vergonha.

> O demo a viver se exponha,
> por mais que a fama a exalta,
> numa cidade, onde falta
> Verdade, Honra, Vergonha

2

Quem a pôs neste socrócio? .... Negócio
Quem causa tal perdição? .... Ambição
E o maior desta loucura? .... Usura.

> Notável desaventura
> de um povo néscio, e sandeu,
> que não sabe, que o perdeu
> Negócio, Ambição, Usura.

Der Dichter definiert wiederum die schlechten Gewohnheiten der Regierung von Bahia, vor allem während der allgemeinen Hungersnot, an der die Stadt litt.

1
Was fehlt hier weit und breit? .... Wahrheit.
Was noch, was sie entehre? .... Ehre.
Was ist noch unbekannt? .... Anstand.

> Der Teufel hat sie übermannt
> Auch wenn der Ruhm sie noch so preist
> Die Stadt, die nicht zu schätzen weiß
> Wahrheit, Ehre, Anstand.

2
Der Grund dafür, wo ihr ihn trefft? .... Geschäft.
Was wecket dies Verderben allerseits? .... Ehrgeiz.
Und wer der größte der Versucher? .... Wucher.

> Ein Unglück ist's, ein Fluche
> Des Volks, das töricht ist und dumm
> Verdorben durch, s'weiß nicht, warum
> Geschäft, Ehrgeiz und Wucher.

3
Quais são seus doces objetos?...Pretos
Tem outros bens mais maciços?...Mestiços
Quais destes lhes são mais gratos?.....................................Mulatos.

    Dou ao demo os insensatos,
    dou ao demo a gente asnal
    que estima por cabedal
    Pretos, Mestiços, Mulatos.

4
Quem faz os círios mesquinhos?......................................Meirinhos
Quem faz as farinhas tardas?..Guardas
Quem as tem nos seus aposentos?..................................Sargentos.

    Os círios lá vêm aos centos,
    e a terra fica esfaimando,
    porque os vão atravessando
    Meirinhos, Guardas, Sargentos.

5
E que justiça a resguarda?...Bastarda
É grátis distribuída?..Vendida
Que tem, que a todos assusta?..Injusta.

    Valha-nos Deus, o que custa,
    o que El-Rei nos dá de graça,
    que anda a justiça na praça
    Bastarda, Vendida, Injusta.

3
Und als Objekte welche süße Rasse? .... Schwarze.
Wer ist ihr noch massiverer Besitz? .... Mestiz'.
Und wer sind die Nimmersatten? .... Mulatten.

    Zum Teufel die, die der Vernunft entraten
    Zum Teufel mit den Eseln
    Die meinen, ein Vermögen sei'n gewesen
    Schwarze, Mestizen, Mulatten

4
Wer mit den Kerzen uns betrog? .... Der Vogt.
Wer hält das Mehl zurück und läßt's bewachen? ...... Die Wachen.
Wer versteckt's im eigenen Reviere? .... Die Offiziere.

    Die Kerzen kommen hundertfach
    Das Land am Hungertuche
    Bei Schwarzhandel und Wucher
    Vogt, Offiziere, Wachen.

5
Wird die Justiz denn nicht vernommen? .... Verkommen.
Ja, Gibt's sie nicht umsonst zuhauf? .... Verkauft.
Was ist an ihr, was alle schreckt? .... S'ist ungerecht.

    Gott helfe! Teuer wird verkauft
    Was uns der König gratis schenkt
    Das Recht ist auf dem Platz gekränkt
    Verkommen, ungerecht, verkauft.

6

Que vai pela clerezia? .... Simonia
E pelos membros da Igreja? .... Inveja
Cuidei, que mais se lhe punha? .... Unha.

        Sazonada caramunha!
        Enfim que na Santa Sé
        o que se pratica, é
        Simonia, Inveja, Unha.

7

E nos Frades há manqueiras? .... Freiras
Em que ocupam os serões? .... Sermões
Não se ocupam em disputas? .... Putas.

        Com palavras dissolutas
        me concluís na verdade,
        que as lidas todas de um Frade
        são Freiras, Sermões, e Putas.

6

Was ist es, was im Klerus gut gedieh? .... Die Simonie.
Und in der ganzen Christenheit? .... Der Neid.
Was ist's noch, mit Verlaub? .... Der Raub.

> Die alte Leier weit und breit
> Was sehen wir beim Heil'gen Stuhl
> Als wohlbekannten Sündenpfuhl?
> Raub, Simonie und Neid.

7

Was sind der Mönche Wonnen? .... Die Nonnen.
Und womit füll'n sie die Soireen? .... Mit Predigten.
Beschäftigen sie sich nicht mit Disputen? .... Mit Nutten.

> So steckt unter den Kutten
> Das schließ ich voller Lästerung
> Des Mönchs wahre Beschäftigung
> Nonnen, Predigt, Nutten.

8

O açúcar já se acabou? .... Baixou
E o dinheiro se extinguiu? .... Subiu
Logo já convalesceu? .... Morreu.

> A Bahia aconteceu
> o que a um doente acontece,
> cai na cama, o mal lhe cresce,
> Baixou, Subiu, e Morreu.

9

A Câmara não acode? .... Não pode
Pois não tem todo o poder?... Não quer
É que o governo a convence .... Não vence.

> Quem haverá que tal pense,
> que uma Câmara tão nobre
> por ver-se mísera, e pobre
> Não pode, não quer, não vence.

8

Der Zucker ist entschwunden? .... Gesunken.
Das Geld, wird's jetzt gemieden? .... Gestiegen.
Ist sie gesund geworden? .... Gestorben.

> Bahia hat verdorben
> wozu ein jeder Kranke neigt
> Er sinkt ins Bett, das Übel steigt
> Gesunken, gestiegen, gestorben

9

So eil der Rat heran? .... Nicht kann.
Hat er nicht Macht und Pflicht? .... Will nicht.
Ist's, weil er der Regierung unterliegt? .... Nicht siegt.

> Gar jämmerlich, das Geld versiegt
> Wer glaubt es in der Tat
> Daß so ein edler Rat
> Nicht kann, nicht will, nicht siegt.

Pondo os olhos primeyramente na sua cidade conhece, que os mercadores são o primeyro movel da ruina, em que arde pelas mercadorias inuteis, e enganosas.

Triste Bahia! Oh quão dessemelhante
Estás, e estou do nosso antigo estado!
Pobre te vejo a ti, tu a mi empenhado,
Rica te vejo eu já, tu a mi abundante.

A ti tocou-te a máquina mercante,
Que em tua larga barra tem entrado,
A mim foi-me trocando, e tem trocado
Tanto negócio, e tanto negociante.

Deste em dar tanto açúcar excelente,
Pelas drogas inúteis, que abelhuda
Simples aceitas do sagaz Brichote.

Oh se quisera Deus, que de repente
Um dia amanheceras tão sisuda
Que fora de algodão o teu capote!

Der Dichter richtet die Augen auf seine Stadt und erkennt, daß die Händler der erste Grund für ihren Ruin sind, da sie sich für deren unnütze und trügerische Waren erhitzen.

Oh trauriges Bahia! Wie wenig Ähnlichkeit
Hast du, hab ich mit unserem alten Zustand!
Ich seh dich arm und du mich ausgebrannt;
Ich sah dich reich einst und du mich in Üppigkeit.

Vertauscht hält dich die Handelsflotte heut;
Durch deine breite Einfahrt läuft sie an den Strand;
Und mich hat ausgetauscht der Immigrant
Mit seinem vielen Handel mit der Zeit.

Hast einfach unsern feinsten Zucker
Dem schlauen Fremden angetragen,
Ihn eingetauscht für Tand und Schund.

Oh, wollte Gott doch, daß Du plötzlich
Aufwachtest eines Tages so verständig
Und Dein Gewand aus Baumwoll' wär.

Julga prudente e discretamente aos mesmos por culpados em huma geral fome que houve nesta cidade pela desgoverno da República, como estranhos nella

1. Toda a cidade derrota
esta fome universal;
uns dão a culpa total
à Câmara, outros à frota:
a frota tudo abarrota
dentro nos escotilhões
a carne, o peixe, os feijões
e se a Câmara olha, e ri
porque anda farta até aqui,
é cousa, que me não toca;
Ponto em boca.

Auf vorsichtige und diskrete Weise verurteilt der Dichter die Ausländer als die Schuldigen an einer allgemeinen Hungersnot, die es in der Stadt aufgrund der schlechten Regierung der Republik gab.

1. Die allgemeine Hungersnot
besiegt die ganze Stadt;
für diese hat die Flotte schuld,
für jene ist's der Rat.
Mit allem stopft die Flotte sich
die Ladeluken voll:
- mit Fleisch, mit Fisch, mit Bohnen -
der Rat schaut zu und lacht dabei,
denn er ist satt bis oben;
Doch das geht mich nichts an.
Ich sag: Punkt auf den Mund!

2. Se dizem que o marinheiro
nos precede a toda a Lei,
porque é serviço d'El-Rei,
concedo, que está primeiro:
mas tenho por mais inteiro
o conselho que reparte
com igual mão, igual arte
por todos, jantar, e ceia:
mas frota com tripa cheia,
e povo com pança oca!
Ponto em boca.

3. A fome me tem já mudo,
que é muda a boca esfaimada;
mas se a frota não traz nada
por que razão leva tudo?
que o Povo por ser sisudo
largue o ouro, e largue a prata
a uma frota patarata,
que entrando co'a vela cheia,
o lastro que traz, de areia
por lastro de açúcar troca!
Ponto em boca.

2. Wenn alle sagen, der Matros'
käm' laut Gesetz zuerst,
weil er im Dienst des Königs steht,
gesteh' ich ihm dies zu;
Doch ehrenhafter nenne ich
den Stadtrat, der für alle
mit gleicher Hand und gleicher Kunst
ein Abendbrot verteilet.
Doch Flotte mit gefülltem Darm
und Volk mit hohlem Wanste?
Ich sag: Punkt auf den Mund!

3. Der Hunger hat mich stumm gemacht,
denn stumm sind Hungermünder;
doch wenn die Flotte uns nichts bringt,
warum nimmt sie dann alles?
Und daß das Volk das Silber, Gold,
weil es ja weise ist,
der aufgeblähten Flotte läßt,
die vollen Segels einläuft,
um zu ersetzen Sandballast
durch Kisten voller Zucker?
Ich sag: Punkt auf den Mund!

4. Se quando vem para cá,
nenhum frete vem ganhar,
quando para lá tornar,
o mesmo não ganhará:
Quem o açúcar lhe dá,
perde a caixa, e paga o frete,
porque o ano não promete
mais negócio, que perder
o frete, por se dever,
a caixa, porque se choca:
Ponto em boca.

5. Ele tanto em seu abrigo,
e o povo todo faminto;
ele chora, e eu não minto,
se chorando vô-lo digo:
tem-me cortado o umbigo
este nosso general,
por isso de tanto mal
lhe não ponho alguma culpa;
mas se merece desculpa
o respeito, a que provoca,
Ponto em boca.

4. Und wenn sie auf dem Weg hierher
an keiner Fracht verdient,
so wird sie auf dem Weg zurück
auch nichts daran verdienen.
Der ihr den Zucker gibt, zahlt Fracht,
verliert jedoch die Kiste,
denn' s Jahr verspricht nicht mehr Geschäft,
als denn Verlust der Fracht,
weil man die Kosten schuldig ist,
und weil die Kiste fault.
Ich sag: Punkt auf den Mund!

5. Soviel in ihrem Lagerhaus,
das Volk jedoch, es hungert;
Es weint, und lügen tu ich nicht,
wenn ich euch weinend sage:
Es hat mir unser General
die Nabelschnur durchtrennt,
deshalb geb' ich ihm keine Schuld
an diesem großen Übel;
Doch wenn Entschuldigung verdient
geschuldeter Respekt:
Sag ich: Punkt auf den Mund!

6. Com justiça, pois, me torno
à Câmara Noss' Senhora,
que pois me trespassa agora,
agora leve o retorno:
praza a Deus, que o caldo morno,
que a mim me fazem cear
da má vaca do jantar
por falta do bom pescado,
lhe seja em cristéis lançado;
mas se a saúde lhes toca:
Ponto em boca.

6. Mit gutem Recht wend ich mich nun
dem Rat zu, unserm Herrn:
Da er mich heut so übergeht,
bekommt er hier die Antwort:
Gefall es Gott, die laue Brüh',
die sie mich essen lassen,
aus schlechtem Rind zum Abendmahl,
weil's fehlt an gutem Fische,
in Klistern ihnen einzuführn;
doch bleiben sie gesund:
Sag ich: Punkt auf den Mund!

Aos Principais da Bahia chamados os Caramurus

Um calção de pindoba a meia zorra
Camisa de Urucu, mantéu de Arara,
Em lugar de cotó arco, e taquara,
Penacho de Guarás em vez de gorra.

Furado o beiço, e sem temor que morra,
O pai, que lho envazou cuma titara,
Senão a Mãe, que a pedra lhe aplicara,
A reprimir-lhe o sangue, que não corra.

Animal sem razão, bruto sem fé,
Sem mais Leis, que as do gosto, quando erra,
De Paiaiá virou-se em Abaité.

Não sei, onde acabou, ou em que guerra,
Só sei, que deste Adão de Massapé,
Procedem os fidalgos desta terra.

Den Magnaten Bahias, »Caramurus« genannt

Eine Pindoba-Hos' auf halber Schwengelhöhe
Das Hemd aus Urucum, der Umhang Ara
Statt Stutzschwert hält er bogen und Taquara
Und ist statt Mütz' mit Guarabusch versehen.

Die Lipp' durchbohrt, ohn' Angst, daß ihm das
Leben flöhe
Der Vater sie durchstieß mit der Titara
Den Stein, den setzte ein die Mutter aber
Um aufzuhalten's Blut, daß es nicht gehe.

Roh ohne Glauben, wild ohne Idee
Die Lust nur sein Gesetz, und irrt er sich
Wird er vom Paiaiá[2] zum Abaité[3]

In welchem Krieg, wo er geendet, weiß ich nicht
Von diesem Lehm-Adam, der aus Massapé[4]
Stammt unser Adel ab, soviel weiß ich.

Aos capitulares do seu tempo

A nossa Sé da Bahia,
com ser um mapa de festas,
é um presépio de bestas,
se não for estrebaria:
várias bestas cada dia
vemos, que o sino congrega,
Caveira mula galega,
o Deão burrinha parda,
Pereira besta de albarda,
tudo para a Sé se agrega.

Den Kapitularen seiner Zeit

In Bahia unser Dom
ist als Festtagsfibel
Weihnachtsstall der Bibel,
wenn nicht Hippodrom:
Sammelt doch penibel
Kirchglockgeschepper,
Totenkopf, den Klepper,
braunes Maultier, den Dechanten,
den Pereira, Rosinanten,
All das sich zusammenläppert.

A certo Frade que tratava com huma depravada Mulata por Nome Vicência que morava junto ao Convento, e atualmente a estava vigiando deste Campanário

Reverendo Fr. Sovela,
saiba vossa Reverência,
que a caríssima Vicência
põe cornos de cabidela:
tão vária gente sobre ela
vai, que não entra em disputa,
se a puta é mui dissoluta,
sendo, que em todos os povos
a galinha põe os ovos
e põe os cornos a puta.

Se está vossa Reverência
sempre à janela do coro,
como não vê o desaforo
dos Vicêncios co'a Vicência?
como não vê a concorrência
de tanto membro, e tão vário,
que ali entra de ordinário?
mas se é Frade caracol,

An einen Mönch, der es mit einer lasterhaften Mulattin namens Vicencia zu tun hatte, welche neben dem Kloster wohnte und die er gerade vom Glockenturm aus beobachtete

> Ehrwürdiger Bruder Sovela,
> ergebenst tue ich Euch kund,
> daß die verehrte Frau Vicencia
> Euch Hörner setzt, kurzum:
> bei ihr geh'n viele ein und aus,
> kein Mensch dran einen Zweifel hat,
> daß diese Hur' verdorben ist:
> bekannt ist's doch in aller Welt,
> die Henne ist's, die Eier legt,
> die Hörner setzt die Hure.
>
> Hochwürden steht tagein, tagaus
> am Fenster des Altars,
> bemerkt Ihr denn das Treiben nicht
> der Vicencios mit Vicencia?
> Bemerkt Ihr nicht die Konkurrenz
> so vieler Glieder, vielgestaltig,
> die einfach dort hineinspazier'n?
> Verehrter Bruder Schneckenhaus,

bote esses cornos ao sol
por cima do campanário.

Do alto verá você
a puta sem intervalos
tangida de mais badalos,
que tem a torre da Sé:
verá andar a cabra mé
berrando atrás dos cabrões,
os ricos pelos tostões,
os pobres por piedade,
os leigos por amizade,
os Frades pelos pismões.

Verá na realidade
aquilo, que já se entende
de uma puta, que se rende
às porcarias de um Frade:
mas se não vê de verdade
tanto lascivo exercício,
é, porque cego do vício
não lhe entra no oculorum
o secula seculorum
de uma puta de ad initio.

steckt einmal Eure Hörner aus
vom Glockenturm dort oben.

Von eben dort wirst Du erspäh'n
die Hure, die geläutet wird
von Glockenschlegeln und zwar mehr
als unser Dom hat von Bahia:
wirst auch die Ziege meckern seh'n
wie sie den Böcken nachruft,
den Reichen der Moneten wegen,
den Armen aus Philanthropie,
den Laien aus Kameraderie,
den Mönchen um des Ablaß' willen.

Wirst seh'n, was man in Wirklichkeit
von einer Hure halten muß,
die ohne Zögern ist bereit
zu jeder Mönchen Ferkelei:
und nimmst Du immer noch nicht wahr
die vielen Schweineigelei'n,
dann weil's Dir selbst blind vor Begier
nicht springen will in's oculorum
das secula seculorum
einer Hure ad initio

Ao Capitão Bento Rabello sendo achado com uma grocíssima negra

1. Ontem, senhor Capitão,
vos vimos deitar a prancha,
embarcar-vos numa lancha
de gentil navegação:
a lancha era um galeão,
que joga trinta por banda,
grande proa, alta varanda,
tão grande popa, que dar
podia o cu a beijar
a maior urca de Holanda.

2. Era tão azevichada,
tão luzente, e tão flamante
que eu cri, que naquele instante,
saiu do porto breada:
estava tão estancada
que se escusava outra frágua
e assim teve grande mágoa
a lancha por ver que quando
a estáveis calafetando
então fazia mais água.

Dem Hauptmann Bento Rabello, als er mit einer riesigen Negerin gefunden wurde

1\. Herr Hauptmann, gestern sah'n wir Euch
Ihr legtet aus die Brücke
und schifftet ein auf einem Boot
gar angenehmer Reise:
Denn eine Galeone war's
mit großem Bug und hoher Brück'
und einem Heck, so mächtig,
daß sie den Arsch zum Kusse bot
der größten Hurke[5] Hollands.

2\. So kohlpechrabenschwarz war sie,
so glänzend und so leuchtend,
daß ich gedacht, sie lief verpicht
in dem Moment vom Stapel:
Sie war so gut geteert und dicht,
daß weit're Glut nicht nötig,
weshalb das Boot so leid mir tat,
als ich mit anseh'n mußte
wie's Wasser machte da erst recht,
als Ihr's kalfatern tatet.

3. Vós logo destes à bomba
com tal pressa, e tal afinco,
que a pusestes como um brinco
mais lisa, que uma pitomba:
como a lancha era mazomba,
jogava tanto de quilha,
que tive por maravilha,
não comê-la o mar salgado,
mas vós tínheis, o cuidado,
de lhe ir metendo a cavilha

4. Desde então toda esta terra
vos fez por aclamação
Capitão de guarnição
não só, mas de mar, e guerra:
eu sei, que o Povo não erra,
nem nisso vos faz mercê,
porque sois soldado, que
podeis capitanear
as charruas d'além-mar,
se são urcas de Guiné.

3. Sofort fingt Ihr zu pumpen an
so eilig und so eifrig,
daß bald ein Schmuckstück daraus wurd'
polierter als 'ne Pflaume:
Die Vorfahr'n war'n aus Übersee,
so rollt' der Kiel ganz mächtig.
Ich fand, es war ein Wunderding,
daß es das Meer nicht schluckte.
Doch Ihr vergaßt die Sorgfalt nicht
den Pflock hineinzutreiben.

4. Seitdem hat Euch das ganze Land
durch Zuruf auserwählt
nicht nur Hauptmann der Garnison:
zu Wasser und zu Lande!
Ich weiß, daß Volkes Mund nicht irrt
noch Euch gefallen will,
denn Ihr seid ein Soldat, der weiß
der Koggen, die von Übersee
wenn's Hurken aus Guinea sind.

Continua o poeta satyrizando-o [o Governador Antônio Luiz Gonçalves da Câmara Coutinho] com o seo criado Luiz Ferreyra de Noronha

Estas as novas são de Antônio Luí =
No que passa sobre um gato de algá =,
Que algália tira com colher de Itá =
Que coze e corcoja em fonte Rabi =.

Se lhe escalda ou não a serventi =
Isto tem já provado o mesmo ga =
Porque passando os rios de cuá =
O caso tocou logo a Inquisi =

Há cousa mais tremenda e mais atró =
Que em terra, onde há tanta fartu =,
E haja que por um cu enjeite um có =?

E que por mau gosto seja um pu =?
Eu me benzo, e arrenego do demô =
E do pecado, que é contra a natu =.

Der Dichter karikiert den Governeur Antônio Luiz Gonçalves da Câmara Coutinho mit seinem Diener Luiz Ferreyra de Noronha

Dies sind die Neuigkeiten von Antônio Lui =
Indem er steiget über eine Zibetka =
Holt Moschus er mit Löffel aus Ita =
Der brodelt, kocht im Brunnen, der rabbi =

Ob ihn erhitzet oder nicht sein Die =
Das hat bewiesen schon dieselbe Ka =
Durchquerend Flüsse auf den Vieren ka =
Sofort sein Fall auch vor die Inquisi =

Ist etwas schrecklicher, scheußlicher no =
Als hier auf Erden, wo herrscht Überflu =
'Ner Möse vorzuziehn ein andres Lo =?

Und so vor ungeschmack zu sein ein Schwu =
Ich schlag' ein Kreuz, schwör' ab dem Mephisto =
Und dieser Sünde wider die Natu =

A Despedida do mao Governo que fez este Governador

Senhor Antão de Sousa de Menenses,
Quem sobe a alto lugar, que não merece,
Homem sobe, asno vai, burro parece,
Que o subir é desgraça muitas vezes.

A fortunilha autora de entremezes
Transpõe em burro o Herói, que indigno cresce:
Desanda a roda, e logo o homem desce,
Que é discreta a fortuna em seus reveses.

Homem (sei eu) que foi Vossenhoria,
Quando o pisava da fortuna a Roda,
Burro foi ao subir tão alto clima.

Pois vá descendo do alto, onde jazia,
Verá, quanto melhor se lhe acomoda
Ser homem em baixo, do que burro em cima.

Die Verabschiedung der schlechten Verwaltung dieses Governeurs

Senhor Antão de Souza de Menezes,
Emporkömmling ohne Verdienst,
Als Mann aufsteigt, als Esel geht,
Das Streben doch ein Unglück ist.

Fortuna treibt gern Schabernak,
Verwandelt Held in einen Esel,
Das Glücksrad hält, der Mensch muß geh'n,
Wie klug das Schicksal ist mit seinen Schlägen.

Ein Mann (denk ich) seid Ihr gewesen,
Als Ihr Fortuna's Rad betrat',
Als Esel seid Ihr emporgestiegen.

Verlaßt den Gipfel, wo Ihr zu ruhen pflegtet,
Werdet seh'n, daß es Euch viel besser steht,
Mann zu sein, hier unten, als oben Esel.

Der Dichter beschreibt Feste und andere Vergnüglichkeiten

Descreve a confusão do festejo do Entru

Soneto

Filhós, fatias, sonhos, mal-assadas,
Galinhas, porco, vaca, e mais carneiro,
Os perus em poder do pasteleiro,
Esguichar, deitar pulhas, laranjadas.

Enfarinhar, pôr rabos, dar risadas,
Gastar para comer muito dinheiro,
Não ter mãos a medir o taverneiro,
Com réstias de cebolas dar pancadas.

Das janelas com tanhos dar nas gentes,
A buzina tanger, quebrar panelas,
Querer em um dia só comer tudo.

Não perdoar arroz, nem cuscuz quente,
Despejar pratos, e alimpar tigelas,
Estas as festas são do Santo Entrudo.

Er beschreibt das Durcheinander des Karnevals

Waffeln, Schnittchen, Fettgeback'nes, Eierspeisen,
Hühner, Schweinchen, Rindfleisch und auch
Hammel,
Puten unter'm Messer des Pastetenbäckers,
Apfelsinen spritzen, spotten und laut lachen.

Mehl verstäuben, Schwänz'anstecken mit
Gelächter,
Und für's Essen sehr viel Geld verjubeln,
Ohne Maßen in der Schenke prassen,
Und mit Zwiebelzöpfen Hiebe geben.

Vom Fenster aus das Volk mit Stöcken schlagen,
Hupen drücken, Töpfe an der Wand zerschellen,
Und an einem Tage alles essen wollen.

Nicht Reis und nicht Kuskuz verschmäh'n,
Teller lecken und Schüsseln putzen:
So feiert man Entrudo[6] hier.

A humas damas de la vida ayrada que indo e vindo ao divertimento de huma roça zombavam da honestidade de uma irmã casada

Romance

Vamos cada dia à roça,
se é, que vai o camarada,
que ri, e folga à francesa,
e pinta à italiana.
Vamos, e fiquemos lá
um dia, ou uma semana,
Que enquanto as gaitas se tocam,
sabe à roça, como gaitas.
Vamos à roça, inda que
nos fique em cada jornada
cada meia sem pamilha,
e sem sola cada alparca.
Vá Mané, e vá Marcela,
vá toda a nossa prosápia,
exceto a que por casada
não põe pé fora de casa.

An einige Damen , welche ein Lotterleben führen und sich über die Ehrlichkeit einer verheirateten Schwester lustig machen

Romanze

Wir fahren jeden Tag auf's Land,
und der Gefährt', der immer lacht,
sich nach Franzosenart vergnügt,
auf italienisch amüsiert, kommt mit.
So fahren wir und bleiben dort,
den ganzen Tag oder die Woch',
solang die Flöten dort ertönen,
klingt auch das Land nach ihrem Spiel.
Fahr'n wir auf's Land, auch wenn
nach jedem Tagesmarsch
die Strümpfe voller Löcher,
die Schuhe ohne Sohle sind.
Mané geht mit und auch Marcela,
die ganze bunt gemischte Bande,
nur die nicht, die verheiratet,
den Fuß nicht vor die Haustür setzt.

Case, e tão casada fique,
que nem para fazer caca
jamais o marido a deixe,
nem se lhe tire da ilharga.
Case, e depois de casar
tanto gema, e tanto paira,
que caia em meio das dores
na razão das minhas pragas.
Case, e tanto se arrependa,
como faz toda, a que casa,
que nem para descasar-se
a via da Igreja saiba.
E nos vamos para a roça
com nosso feixe de gaitas
até ver-me descasada
para me rir, de quem casa.

So heirat' nur und sei es dergestalt,
daß nicht einmal zum Kacken
dein Mann allein dich läßt,
Dir niemals von der Seite weicht.
So heirat' nur um später dann
oft Deine Lage zu bejammern,
Dich voller Schmerz dann zu beklagen
und meiner Flüche zu gedenken.
So heirat' nur, laß es Dich reu'n
gleich jeder, die verheiratet
sich »entheiraten« tät', so schnell wie's geht,
die Kirche dies jedoch nicht zugesteht.
Wir aber fahr'n hinaus auf's Land
mit unserm Bündel Flöten,
denn ich bin frei von allen Pflichten,
lach über alle, die sich ehelichen.

Descreve a ilha de Itaparica com a sua aprazível fertilidade, e louva de caminho ao capitão Luis Carneiro, homem honrado, e liberal, em cuja casa se hospedou.

Soneto

Ilha de Itaparica, alvas areias,
Alegres praias, frescas, deleitosas,
Ricos polvos, lagostas deliciosas,
Farta de putas, rica de baleias.

As Putas tais, ou quais não são más preias,
Pícaras, ledas, brandas, carinhosas,
Para o jantar as carnes saborosas,
O pescado excelente para as ceias.

O melão de ouro, a fresca melancia,
Que vem no tempo, em que aos mortais abrasa
O sol inquisidor de tanto oiteiro.

A costa, que o imita na ardentia,
E sobretudo a rica, e nobre casa
Do nosso capitão Luís Carneiro.

Er beschreibt die Insel Itaparica mit ihrer köstlichen Fruchtbarkeit und rühmt bei dieser Gelegenheit den Hauptmann Luís Carneiro, einen ehrbaren und freigeistigen Menschen, in dessen Hause er zu Gast war.

Itaparica, Insel auf hellem Sand,
sonnige Strände, windig und erfrischend,
leck're Tintenfische, köstliche Langusten,
übersät von Huren und reich an Walen.

Die Huren hier sind keine schlechte Beute,
so keck und fröhlich, so sanft und zärtlich,
zum Abendessen delikates Fleisch,
schmackhafter Fisch zur Vesperzeit.

Goldmelone und Wasserfrucht kommen,
wenn die Sonne unbarmherzig
auf die Sterblichen herniederbrennt.

Nicht nur die Küste spiegelte sie im Meeresleuchten
wider, sondern vor allem das reiche und edle Haus
unseres Hauptmanns Luís Carneiro.

Der Dichter und die Weiblichkeit: Damen, Nonnen, Huren

A outra freyra, que satyrizando a delgada fizionomia do poeta lhe chamou Picaflor

Se Pica-flor me chamais,
Pica-flor aceito ser,
mas resta agora saber,
se no nome, que me dais,
meteis a flor, que guardais
no passarinho melhor!
se me dais este favor,
sendo só de mim o Pica,
e o mais vosso, claro fica,
que fico então Pica-flor.

An eine Nonne, die ihn wegen seiner schmalen Physiognomie ein »Goldhähnchen«[7] nannte

Soll Goldhähnchen mein Name sein,
So bin ich einverstanden.
Die Frage bleibt vorhanden,
Ob in den Namen legt hinein
Ihr's Gold vom bess'ren Vögelein,
Das Ihr mit Sorgfalt hegt?
Ja, hat Euch diese Gunst bewegt,
Daß nur das Hähnchen meines ist,
Das andre Euer, wie Ihr wißt
Wird's Goldhähnchen gepflegt.

A uma freyra mandando-lhe hum presente de doces

Senhora minha: se tais clausuras
Tantos doces mandais a uma formiga,
Que esperais vós agora, que vos diga,
Se não forem muchíssimas doçuras.

Eu esperei de amor outras venturas;
Mas ei-lo vai, tudo o que é de amor, obriga,
Ou já seja favor, ou uma figa,
Da vossa mão são tudo ambrósias puras.

O vosso doce a todos diz, comei-me,
De cheiroso, perfeito, e asseado,
E eu por gosto lhe dar, comi, e fartei-me.

Em este se acabando, irá recado,
e se vos parecer glutão, sofrei-me,
enquanto vos não peço outro bocado.

**Einer Nonne, die ihm als Aufmerksamkeit
Süßigkeiten zukommen ließ**

Verehrte Dame, wenn aus der Klausur
Sie soviel Süßes einem Mäuschen schicken,
Erwartet Ihr, daß andres ich Euch sage
Als hunderttausend weitre Süßigkeiten?

Von Amor hatt' ich andres Glück erwartet,
Doch laß ich's gehen, denn Geschenk verpflichtet,
Ob Gunst, ob Fluch, aus Eurer Hand ist alles
Ambrosia, die reinste Götterspeise.

Die süße Speise sagt zu allen: »Eßt mich«.
Sie ist so duftig, reinlich und vollkommen,
Daß ich mich sättigte, Euch zum Gefallen.

Wenn sie zu Ende geht, schick ich Bescheid.
Schein' ich ein Vielfraß, so beherrrsch' ich mich,
Solang ich nicht ein weitres Stück erbitte.

Ressentida também como as outras o Poeta lhe dá esta Satisfação por Estillo proporcionado ao seu Genio

    Jelú, vós sois rainha das Mulatas,
    E sobretudo sois Deusa das Putas,
    Tendes o mando sobre as dissolutas,
    Que moram na quitanda dessas Gatas.

    Tendes muito distantes as Sapatas,
    Por poupar de razões, e de disputas,
    Porque são umas putas absolutas,
    Presumidas, faceiras, pataratas.

    Mas sendo vós Mulata tão airosa
    Tão linda, tão galharda, e folgazona,
    Tendes um mal, que sois mui cagarrosa.

    Pois perante a mais ínclita persona
    Desenrolando a tripa revoltosa,
    O que branca ganhais, perdeis cagona.

Nachdem sie wie auch die anderen gekränkt wurde, schreibt ihr der Dichter diese auf ihren Charakter zugeschnittene Entschuldigung

Jelú: Seid braune Schönheit edelsten Geschlechts,
Seid Göttin der Huren in der Tat,
Führt das Kommando über all die Liederlichen,
Die Zuflucht suchen bei den Straßenmiezen.

Ihr haltet Euch von Lesben fern,
Um Euch vor Ärger zu verschon',
Denn die sind Hur'n mit Haut und Haar'n,
Großtuerisch, herausgeputzt und unverfror'n.

Doch Ihr, Mulattin, seid so zart,
Seid schön, adrett und lebenslustig,
Habt einen Makel: das Kacken ist's.

Denn auch vor hoh'n Persönlichkeiten
Setzt sich der rebelliern'de Darm in Gang,
Und was als Weiße Du gewinnst, verlierst beim Kacken.

A huma Dama, que mandando-a o poeta solicitar lhe mandou dizer que estava menstruada

O teu hóspede, Catita,
foi mui atrevido em vir
a tempo, que eu hei mister
o aposento para mim.
Não vou topar-me com ele,
porque havemos de renhir,
e há de haver por força sangue,
porque é grande espadachim.
Tu logo trata de pôr
fora do teu camarim
um hóspede caminheiro
que anda sempre a ir, e vir.
Um hóspede impertinente
de mau sangue, vilão ruim:
por mais que Cardeal seja
vestido de carmesim.
Despeje o hóspede a casa,
pois lhe não custa um ceitil,
e a ocupa de ordinário
sem pagar maravedi.

An eine Dame, nach der der Dichter schickte und die ihm sagen ließ, daß sie gerade menstruierte

Dein Gast, liebste Catita,
ist sehr verwegen zu erschein',
jetzt da ich dringend nötig hab'
den Einlaß zu Deinem Gemach.
Wir werden uns nie einig sein,
und da wir uns nun streiten müssen,
ist hier geboten sehr viel Kraft,
er ist bekannt als Querulant.
Könntest Du dafür Sorge tragen,
daß dieser Wegelagerer, der kommt
und geht, ganz wie er will,
schleunigst verschwind' aus Deiner Kammer.
Ein Gast, der so aufdringlich ist,
von schlechtem Blut, ein Bösewicht,
gibt sich den Anschein eines Kardinals
in seinem karminroten Kleid.
Verbann' den Gast aus Deinem Hause,
er zahlt ja nicht mal einen Groschen,
er läßt sich hier ganz einfach nieder,
ohne die Münzen rauszurücken.

Não tenhas hóspede em casa
tão asqueroso, tão vil,
que até os que mais te querem
fujam por força de ti.
Um hóspede aluado,
e sujeito a frenesis,
que em sendo quarto de lua
de fina força há de vir.
Que diabo há de sofrê-lo,
se vem com tão sujo ardil,
a fazer disciplinante,
quem sempre foi um serafim?
Acaso o teu passarinho
é pelicano serril,
que está vertendo sangue
para os filhos, que eu não fiz?
Vá-se o mês, e venha o dia,
em que eu te vá entupir
essas crúeis lancetadas
com lanceta mais sutil.
Deixa já de ensanguentar-te,
porque os pecados que eu fiz,
não é bem, que pague em sangue
o teu pássaro por mim.

Heiß' keinen Gast willkommen, der
so eklig ist und hundsgemein,
daß sogar die Dich wirklich schätzen
ganz notgedrungen flieh'n vor Dir.
Ein Gast, der auch mondsüchtig ist,
manchmal in Raserei'n verfällt,
der zwischen Neu- und Vollmond kommt
aus unwiderstehlichem Zwang.
Welch armer Teufel muß den ertragen,
der kommt mit solch schmutziger List
um denjenigen zu bestrafen,
der immer war ein Engelchen?
Ist denn vielleicht Dein Vögelchen
ein ungezähmter Pelikan,
der Blut vergießt, der Kinder wegen,
die ich Dir nicht gemacht.
Der Monat geht, der Tag wird kommen,
an dem ich Dir die
zugefügten Grausamkeiten
mit feiner Lanz' verschließen will.
Hör' endlich auf Dich zu beschmier'n,
denn es ist wahrlich nicht gerecht,
daß für die Sünden, die ich beging,
Dein Vöglein büßt mit Blut.

Necessidades forçosas da natureza humana

Descarto-me da tronga, que me chupa,
Corro por um conchego todo o mapa,
O ar da feia me arrebata a capa,
O gadanho da limpa até a garupa.

Busco uma Freira, que me desentupa
A via, que o desuso às vezes tapa,
Topo-a, topando-a todo o bolo rapa,
Que as cartas lhe dão sempre com chalupa.

Que hei de fazer, se sou de boa cepa,
E na hora de ver repleta a tripa,
Darei, por quem mo vaze toda Europa?

Amigo, quem se alimpa da carepa,
Ou sofre uma muchacha, que o dissipa
Ou faz da sua mão sua cachopa.

Zwingende Bedürfnisse der menschlichen Natur

Ich flüchte vor der Nutte, die mich rupft
Und fahnde nach 'ner Flamme fieberhaft,
Die Häßliche das Hemd hinweg mir rafft,
Der saub'ren Krall sogar die ganze Kluft.

Ich suche nach 'ner Nonne, die mir lupft
Den ungenutzen und verstopften Schaft,
Erforsch ich sie, schert sie mich schauderhaft
Die höchsten Trümpfe sie sich immer zupft.

Was tun? 'Ne gute Reb' Ihr an mir trefft,
Und wenn ich fühle voll den spitzen Stift,
Geb' ganz Europa der, die ihn entstopft.

Mein Freund, wer machen muß sein süß' Geschäft,
Der läßt sich schwächen von der Mädchen Gift
Od' macht die eig'ne Hand zu seiner Zof'.

Fretei-me co'a tintureira

Mote

Duas horas o caralho

Fretei-me co'a tintureira
mas dizem os camaradas,
que peca pelas estradas,
porque é puta caminheira:
foi contudo à capoeira,
porque faminto do alho
quis dar de comer ao malho:
mas vi-lhe o cono tão mau,
que tive como mingau
Duas horas o caralho.

Verführn wollt ich die Färberin

Motto

Zwei Stunden lang den Pimmel

Verführn wollt ich die Färberin,
Doch sagen die Kollegen,
Sie sündigt an den Wegen,
Sei Straßendirne immerhin.
Doch ins Gebüsch zu gehn, danach stand mir der Sinn.
Denn hungrig auf den Kümmel,
Wollt nähren ich den Lümmel,
Nur war die Möse so entzwei,
Daß nachher hatte ich wie Brei,
Zwei Stunden lang den Pimmel.

Namorou-se do bom ar de uma crioulinha chamada Cipriana, ou Supupema, e lhe faz o seguinte Romance

Crioula da minha vida,
Supupema da minha alma,
bonita como umas flores,
e alegre como umas páscoas,
não sei que feitiço é este,
que tens nesta linda cara,
a gracinha, com que ris,
a esperteza, com que falas
O garbo, com que te moves,
o donaire, com que andas,
o asseio, com que te vestes,
e o pico, com que te amanhas.
Tem-me tão enfeitiçado,
que a bom partido tomara
curar-me por tuas mãos,
sendo tu, a que me matas.
mas não te espante o remédio,
porque na víbora se acha
o veneno na cabeça,
de que se faz a triaga.

Er hat sich in die Anmut einer kleinen schwarzen Kreolin namens Cipriana oder Supupema verliebt und widmet ihr folgende Romanze

Kreolin meines Lebens,
Du Höchste meiner Seel',
schön so wie die Blumen,
so fröhlich wie ein Spiel.
Noch weiß ich nicht welch' Zauber
Dein Antlitz lieblich scheinen läßt,
ist es die Anmut, die Dich lächeln,
die Klugheit, die Dich sprechen läßt.
Mit Grazie bewegst Du Dich,
mit Eleganz gehst Du spazier'n,
ist es der Reiz Deines Gewand's
ist's das Geschmeide, das Dich schmückt,
was mich derart verzaubert hat,
ich täte gut daran, mich nur
in Deine Hände zu begeben,
denn Du bist es, die mich zerstört.
Erstaune nicht ob dieser Medizin,
denn findet sich nicht auch
das Gift im Kopfe einer Schlange
aus dem das Blutwasser entsteht.

A tua cara é veneno,
que me traz enfeitiçada
esta alma, que por ti morre,
por ti morre, e nunca acaba.
não acaba, porque é justo,
que passe as amargas ânsias
de te ver zombar de mim,
que a ser morto não zombaras.
Tão infeliz sou contigo
que a fim de que te agrada,
fora o Bagre, e fora o Negro,
que tinha as pernas inchadas.
Claro está, que não sou negro,
que a sê-lo tu me buscaras;
nunca meu pai me fizera
branco de cagucho, e cara.
Mas não deixas de querer-me,
porque sou branco de casta,
que se me tens cativado,
sou teu negro, e teu canalha.

Dein Engelsblick bedeutet Gift
und hat verzaubert meine Seel',
die sich Dir hingibt, für Dich stirbt,
für Dich stirbt und niemals vergeht.
Bis in die Ewigkeit wär's recht,
daß all' die bittren Stunden wichen,
in denen Du mich verspottet hast,
dies nur der Tod beenden kann.
Ich bin so unglücklich mit Dir,
wer Dir gefiel, das war nicht ich,
es war ein Schwarzer und ein Nichtsnutz,
der hatte angeschwoll'ne Beine.
Es stimmt, daß ich kein Schwarzer bin,
auch Du machst mich niemals dazu:
Mein Vater hat mich weiß gemacht,
doch nicht von schwächlicher Gestalt.
Willst mich zum Mann nur deshalb,
weil ich von Anseh'n bin und reich,
und da Du mich verzaubert hast,
so will auch ich Dein Schwarzer und Dein
Nichtsnutz sein.

Vendo-se finalmente em huma occasião tam perseguida esta dama do poeta, assentio no prêmio de suas finezas; com condição porém, que se queria primeyro lavar; ao que elle respondeo com a sua costumada jocoseria.

1. O lavar depois importa,
porque antes em água fria
estarei eu noite, e dia
batendo-vos sempre à porta,
depois que um homem aponta
faz bem força por entrar,
e se hei de o postigo achar
fechado com frialdade,
antes quero a sujidade,
porque enfim me hei de atochar.

2. Não serve o falar de fora,
Babu, vós bem o sabeis,
dai-me em modo, que atocheis,
e esteja ele sujo embora:

Die Dame Barbora (»Babu«) sah sich zu bestimmer Gelegenheit durch den Dichter so verfolgt, daß sie endlich in den Preis ihrer Liebesgaben einwilligte, jedoch unter der Bedingung, sich erst waschen zu wollen, worauf der Dichter mit seiner gewohnten Scherzhaftigkeit antwortete

1. Das Waschen ist erst nachher von Belange,
Denn eher stehe ich in kaltem Wasser
Bei Tag und Nacht und morgens, mittags, abends,
Und klopfe immerfort an Eure Türe:
Doch wenn ein Mann erstmal gelandet ist
Müht er sich auch darum, hereinzukommen,
Und sollte ich das Pförtchen da mit Kühle
Ja, eisig kaltem Herz verschlossen finden,
Zieh tausendmal die Schmutzigkeit ich vor,
Um endlich dann mein Feuer zu entfachen.

2. Ein Reden ohne Wissen gilt hier nicht
Babu, das wißt Ihr selber nur zu gut,
Gebt sie mir hin, sodaß auch Ihr entflammet,
Und sollte sie dabei auch schmutzig sein.
Und wenn Ihr, meine Dame, finden solltet,

e se achais, minha Senhora,
que estes são os meus senões,
não fiquem meus gostos vãos,
nem vós por isso amuada,
que ou lavada, ou não lavada
cousa é, de que levo as mãos.

3. Lavai-vos, minha Babu,
cada vez que vós quiseres,
já que aqui são as mulheres
lavandeiras do seu cu:
juro-vos por Berzabu,
que me dava algum pesar
vosso contínuo lavar,
e agora estou nisso lhano,
pois nunca se lava o pano,
senão para se esfregar.

4. A que se esfrega amiúdo
se há de amiúdo lavar,
porque lavar, é esfregar
quase a um tempo se faz tudo:
se vós por modo sisudo
o quereis sempre lavado,
passe: e se tendes cuidado

Daß dieses meine Wenn und Aber seien,
Laßt meine Wünsche doch nicht ganz vergeblich,
Noch seid beleidigt ob meiner Begier,
Denn ob gewaschen oder nicht gewaschen,
Ist sie ein Ding, an das ich Hand anlege.

3. So wascht Euch, meine Babu, jedesmal
Euch danach ist, so oft es Euch gelüstet.
Denn hierzulande sind die Fraun ja alle
Eifrige Wäscherinnen ihres Arschs.
Ich schwöre Euch jedoch beim Belzebuben,
Daß es in früh'ren Zeiten mich zutiefst
Bekümmerte, daß Ihr Euch ständig wuschet,
Doch jetzt ist es mir einerlei geworden,
Denn alle Tücher werden nur gewaschen,
Um sie dann auch ganz ordentlich zu scheuern.

4. Die, welche sich gar häufig reibt und scheuert,
Die wird sich auch sehr häufig waschen müssen:
Denn's Waschen und das Reiben und das Scheuern,
Wird alles fast zur gleichen Zeit erledigt:
Und solltet Ihr auf ganz vernünftige Weise
Sie immer säuberlich gewaschen wollen,
So geh das durch: doch habt Ihr diese Sorgfalt

de lavar o vosso cujo
por meu esfregão ser sujo,
já me dou por agravado.

5. Lavar carne é desgraça
em toda a parte do Norte,
porque diz, que dessa sorte
perde a carne o sal, e graça:
e se vós por esta traça
lhe tirais ao passarete
o sal, a graça, e o cheirete,
em pouco a dúvida topa,
se me quereis dar a sopa,
dai-ma com todo o sainete.

6. Se reparais na limpeza,
ides enganada em suma
porque em tirando-se a escuma,
fica a carne uma pureza:
fiai da minha destreza,
que nesse apertado caso
vos hei de escumar o vaso
com tal acerto, e escolha,
que há de recender a olha
desde o Nascente ao Ocaso.

Beim Waschen Eurer Sogenannten deshalb,
Weil meine Scheuerbürste schmutzig sei,
Dann zeige ich micht allerdings beleidigt.

5. Das Fleisch zu waschen, Unglück ist und Plage
Für alle Völker, die im Norden leben
Es heißt dort, daß auf diese Art und Weise
Das Fleisch das Salz und seinen Reiz verlöre:
Wenn also Ihr mit dieser feinen Schliche
Das Vögelchen beraubt um sein Gewürz,
Sein Salz ihm nehmt, den Reiz und sein Aroma,
Dann fehlt nicht viel, damit der Zweifel siege.
Doch wenn Ihr mir das Süppchen reichen möchtet,
Dann reicht es mir mit seiner ganzen Würze.

6. Nun: liegt Euch also viel an Sauberkeit,
So täuscht Ihr Euch, gesagt sei's kurz und bündig.
Denn wird dem Fleische abgeschöpft sein Schaume,
Bleibt's rein und unverderbt, ja keusch zurück:
Vertrauet also meinen Fertigkeiten,
Die diesen Engpaß wohl zu nehmen wissen,
Ich werd Euch das Gefäß zum Schäumen bringen
Mit Meisterschaft und von Erfolg gekrönet:
Der Suppentopf wird seinen Duft verbreiten
Von Sonnenauf- zu Sonnenuntergange.

7. As Damas, que mais lavadas
costumam trazer as peças,
e disso se prezam, essas
são Damas mais deslavadas:
porque vivendo aplicadas
a lavar-se, e mais lavar-se
deviam desenganar-se,
de que se não lavam bem,
porque mal se lava, quem
se lava para sujar-se.

8. Lavar para me sujar
isso é sujar-me em verdade,
lavar para a sujidade
fora melhor não lavar:
do que serve pois andar
lavando antes que mo deis?
Lavai-vos, quando o sujeis
e porque vos fique o ensaio,
depois de foder lavai-o,
mas antes não o laveis.

7. Gewöhnlich sind die Damen, die am meisten
Auf Reinlichkeit bedacht sind ihrer Teile
Und welche diese Reinheit an sich rühmen,
Diesselben, deren Unreinheit am Größten:
Denn während sie die Zeit mit Eifer nutzen,
Um ständig sich zu baden und zu waschen
Wär's besser, wenn sie einsehn und verständen,
Daß sie sich sowieso nicht richtig waschen.
Denn schlecht wäscht der sich, der's nur deshalb tut,
Um sich danach von Neuem zu beschmutzen.

8. Mich waschen, um mich wieder zu besudeln
Heißt so in Wirklichkeit, mich schmutzig machen,
Denn wäscht man sich für neue Schmutzigkeit,
Wär's wirklich besser, sich nicht erst zu waschen.
Ich frag Euch also, welchen Sinn soll's haben
Das Reinigen, bevor Ihr sie mir reichet?
So wascht Euch also, wenn Ihr sie beschmutzet,
Und laßt Euch dies von mir geraten sein:
Ihr sollt sie nach dem Ficken sauber waschen
Doch vorher, bitte, laßt es lieber bleiben.

Verschiedenes

Queixa-se o poeta em que o mundo vay errado, e querendo emendálo o tem por empreza dificultosa

Carregado de mim ando no mundo
E o grande peso embarga-me as passadas,
Que como ando por vias desusadas,
Faço o peso crescer, e vou me ao fundo.

O remédio será seguir o imundo
Caminho, onde dos mais vejo as pisadas,
Que as bestas andam juntas mais ornadas,
Do que anda só o engenho mais profundo.

Não é fácil viver entre os insanos,
Erra, quem presumir, que sabe tudo,
Se o atalho não soube dos seus danos.

O prudente varão há de ser mudo,
Que é melhor neste mundo o mar de enganos
Ser louco cos demais, que ser sisudo.

Der Dichter beschwert sich darüber, daß die Welt falsch läuft und will sie berichtigen, was er für ein schwieriges Unterfangen hält

Beladen mit mir selbst auf dieser Erde
Hemmt meine Schritte eine große Last,
Zugrunde sink' ich unter dem Ballast
Auf neuen Wegen selbst mir zur Beschwerde.

Das Mittel ist, den Weg zu gehn der Herde,
Der Mehrheit Spuren folgen im Morast,
Das einsame Genie hat keine Rast,
Gemeinsam trampeln kühn einher die Pferde.

Schwer ist das Leben unter Ungesunden,
Und wer da meint, er wisse alles, irrt,
Wenn er's nicht wußte, Schaden zu umrunden.

So muß der Kluge schweigen unbeirrt,
er sei mit all den Irren eng verbunden
Im Täuschungsmeer der Welt, die nur verwirrt.

Contemplando nas cousas do mundo desde o seu retiro, lhe atira com o seu apage, como quem a nado escapou da tromenta

Neste mundo é mais rico, o que mais rapa:
Quem mais limpo se faz, tem mais carepa:
com sua língua ao nobre o vil decepa:
O Velhaco maior sempre tem capa.

Mostra o patife da nobreza o mapa:
Quem tem mão de agarrar, ligeiro trepa;
Quem menos falar pode, mais increpa:
Quem dinheiro tiver, pode ser Papa.

A flor baixa se inculca por Tulipa;
Bengala hoje na mão, ontem garlopa:
Mais isento se mostra, o que mais chupa.

Para a tropa do trapo vazo a tripa,
E mais não digo, porque a Musa topa
Em apa, epa, ipa, opa, upa.

Der Dichter betrachtet die weltlichen Dinge aus seinem Rückzug und beschießt sie mit seiner Verachtung, wie jemand, der schwimmend dem Sturm entronnen ist

Am reichsten ist, wer rafft in aller Lande
Die Händ' in Unschuld wäscht der Delinquente
Den Edlen köpfen nied're Argumente
Der größte Schuft hat immer Unterstande.

Den Adelsstammbaum zeigt der Simulante
Wer Hände hat zum Greifen, steigt behende
Am schlimmsten schelten schlechte Elemente
Und bis zum Papst bringt's, wer voll geld die Hände.

Die Gänseblum schleicht ein als Hyazinthe
Spazierstock heut, wer Hobel war gewohnte
Wer steuerfrei, am meisten melkt zur Stunde.

Auf's Flickenvolk mein Furz, die faulen Winde
Mehr sag ich nicht, mich heut die Muse lohnte
Mit ande, ente, inte, onte, unde.

Descreve o poeta a cidade do Recife em Pernambuco

Por entre o Beberibe, e o Oceano
Em uma areia sáfia, e lagadiça
Jaz o Recife povoação mestiça,
Que o belga edificou ímpio tirano.

O Povo é pouco, e muito pouco urbano,
Que vive a mercê de uma lingüiça,
Unha de velha insípida enfermiça,
E camarões de charco em todo o ano.

As damas cortesãs, e por rasgadas
Olhas podridas são, e pestilências,
Elas com purgações, nunca purgadas.

Mas a culpa têm vossas reverências,
Pois as trazem rompidas, e escaladas
Com cordões, com bentinhos, e indulgências.

Der Dichter beschreibt die Stadt Recife in Pernambuco

Zwischen Beberibe und Ozean
Liegt, erbaut auf sumpfig' Sand
Durch den Belgier,[8] gottloser Tyrann
Die Mestizenörtlichkeit Recife.

Wenig Leute, wenig städtisch, Primitive
Haben dünne Wurst nur als Proviant
Schinken, alt, fad, kränklich ihr Pendant
Krabben 's ganze Jahr aus schlamm'ger Tiefe.

Kurtisanen sind die Damen, und da exaltiert
Faule Eintopf, Pestilenzen
Immer mit Purgierung, nie purgiert.

Schuld jedoch sind Eure Eminenzen
Macht sie korrumpiert und kommentiert
Mit Weihblättchen, Ablaßbriefchen,
Rosenkränzen.

Descreve a vida escolástica

Mancebo sem dinheiro, bom barrete,
Medíocre o vestido, bom sapato,
Meias velhas, calção de esfola-gato,
Cabelo penteado, bom topete.

Presumir de dançar, cantar falsete,
Jogo de fidalguia, bom barato,
Tirar falsídia ao moço do seu trato,
Furtar a carne à ama, que promete.

A putinha aldeã achada em feira,
Eterno murmurar de alheias famas,
Soneto infame, sátira elegante.
Cartinhas de trocado para a freira,
Comer boi, ser Quixote com as damas,
Pouco estudo, isto é ser estudante.

Er beschreibt das Studentenleben

Ein Bursche ohne Geld, mit schöner Mütze,
mäßig die Kleidung, doch gut beschuht,
Schäbige Strümpfe, zu kurz die Hosen,
Und gut frisiert der schöne Schopf.

Umhertänzeln, mit Fistelstimme singen,
Ein Spiel mit Edelleuten bei gutem Gewinn,
Dem Kamerad und Freund Lügen erzählen,
Der Wirtin das beste Fleisch wegnehmen.

Die Hure vom Land auf dem Markt gefunden,
Endloses Murmeln ferner Gerüchte
Bilden dies Spottsonett, diese elegante Satire.

Briefchen wechseln mit den Nonnen,
Gut essen und ein Kavalier der Damen,
Wenig studieren: so ist das Studentenleben.

Novas do mundo que lhe pedio por carta hum amigo de fora por occasião da frota

França está mui doente das ilhargas,
Inglaterra tem dores de cabeça,
Purga-se Holanda, e temo lhe aconteça
Ficar debilitada com descargas.

Alemanha lhe aplica ervas amargas,
botões de fogo, com que convaleça.
Espanha não lhe dá, que este mal cresça.
Portugal tem saúde e forças largas.

Morre Constantinopla, está ungida.
Veneza engorda, e toma forças dobres,
Roma está bem, e toda Igreja boa.

Europa anda de humores mal regida.
Na América arribaram muitos pobres.
Estas as novas são, que há de Lisboa.

Ein auswärtiger Freund bat ihn um Nachrichten aus aller Welt, als die Flotte gerade in der Stadt war

Frankreich ist erkrankt am Hüftgelenk,
England tut der Kopf sehr weh.
Holland wird purgiert, und ich fürcht' eh,
daß es geschwächt wird durch die Entleerung.

Deutschland gibt ihm bitt're Kräuter,
Feuerknospen, damit's genesen kann.
Spanien tut ihm nichts Übles an.
Portugal ist gesund und noch viel stärker.

Konstantinopel stirbt, ist schon gesalbt.
Venedig wird dick und immer fetter,
Rom geht es gut und der gesamten Kirche auch.

Europa wird durch Launen schlecht regiert.
Amerika macht auch die Armen reich.
Dies sind die Neuigkeiten, die Lissabon notiert.

Anmerkungen zu den Übersetzungen

Bei den Gedichten der vorliegenden Anthologie handelt es sich nur um eine kleine Auswahl aus dem Gesamtwerk von Gregório de Matos. Es wurde versucht, die verschiedenen Themenspektren seiner Dichtung abzudecken. Andererseits wurde jedoch bewußt auf die uns weniger originell erscheinenden Beiträge verzichtet, wie etwa seine religiöse oder lobrednerische Poesie. Darüber hinaus ergaben sich bei der Übersetzung aus dem barocken Portugiesisch des 17. Jahrhunderts eine Reihe von fast unüberwindbaren Schwierigkeiten, so daß die Auswahl in entscheidendem Maße auch durch die Übersetzungsmöglichkeiten bestimmt wurde.
Die Herausgeber möchten an dieser Stelle Herrn Dr. Georg Röhrig (Bonn) für die kritische Durchsicht der Übersetzungen danken.

1 Der »Praça da Sé« und der »Terreiro de Jesus« bezeichnen die wichtigsten öffentlichen Plätze im alten Stadtzentrum von Salvador.

2 Paiaiá: (aus dem Tupi) Medizinmann.

3   Abaité: (aus dem Tupi) häßliche, abstoßende Leute.

4   Massapé: schwarze, fruchtbare Tonerde, die typisch für die Region von Bahia (»Recôncavo«) ist.

5   Urca (dtsch. Hurke): Schifftyp des 17. Jahrhunderts, mit viel Hubraum.

6   Entrudo: Feste, welche die drei Tage vor dem Aschermittwoch bezeichnen und von der 2. Hälfte des 19. Jahrhunderts an Karneval genannt wurden. Der »Entrudo« kam aus Portugal nach Brasilien und erinnert, trotz seines oft gewalttätigen Charakters, an religiöse Prozessionen der damaligen Zeit.

7   Im Original ein »Kolibri«. Diese wörtliche Übersetzung war aufgrund der Wortspiele im Gedicht nicht möglich.

8   Die Bezeichnung »Belgier« steht hier für die Holländer, die Pernambuco von 1630 bis 1654 besetzten.

Quellennachweis

Als Vorlage für die Übersetzungen wurde die von James Amado herausgegebene Gesamtausgabe benutzt (Obras Completas de Gregório de Matos. 7 Bände, Editora Janaína, Bahia, 1968). Für die portugiesische Version in der vorliegenden Anthologie wurden die Akzente gemäß der letzten Orthographiereform (Gesetz Nr. 5.765 vom 18. Dezember 1971) modernisiert. Alle Seitenangaben beziehen sich auf diese Ausgabe.

- »A cada canto um grande conselheiro« (»An jeder Ecke hier ein großer Rat«): Vol. I, S. 3. Übersetzung: Mechthild Blumberg.

- »Recopilou-se o direito« (»Das Recht wurd' kompiliert«): Vol. I, S. 9/10 Übersetzung: Mechthild Blumberg.

- »Que falta nesta cidade« (»Was fehlt hier weit und breit«): Vol. I, S. 31. Übersetzung: Mechthild Blumberg.

- »Triste Bahia«(»Oh trauriges Bahia«): Vol. II, S. 428. Übersetzung: Mechthild Blumberg und Birgit Russi.

- »Toda a cidade derrota« (»Die allgemeine Hungersnot«): Vol. II, S. 435. Übersetzung: Mechthild Blumberg.

- »Um calção de pindoba a meia zorra« (»Eine Pindoba-Hos'
auf halber Schwengelhöhe«): Vol. IV. S. 841/42 Übersetzung:
Mechthild Blumberg.

- »A nossa Sé da Bahia« (»In Bahia unser Dom«) Vol. II., S.
234 Übersetzung: Mechthild Blumberg.

- »Reverendo Frei Sovela« (»Ehrwürdiger Bruder Sovela«):
Vol. II, S. 337. Übersetzung: Birgit Russi.

- »Ontem, senhor Capitão« (»Herr Hauptmann, gestern sah'n
wir Euch«): Vol. II, S. 380. Übersetzung: Mechthild Blumberg.

- »Estas as novas são de Antônio Lui =« (»Dies sind die Neuigkeiten von Antônio Luis«): Vol. I., S. 207 Übersetzung:
Mechthild Blumberg
- »Senhor Antão de Souza de Menezes«: Vol. I, S. 165. Übersetzung: Birgit Russi.
- »Filhós, fatias, sonhos, mal-assadas« (»Waffeln, Schnittchen
Fettgebacknes, Eierspeisen«): Vol. III, S. 580. Übersetzung:
Birgit Russi.

- »Vamos cada dia à roça« (»Wir fahren jeden Tag auf's
Land«): Vol. VI., 1349/50 Übersetzung: Birgit Russi.

- »Ilha de Itaparica, alvas areias« (»Itaparica, Insel auf hellem
Sand«): Vol. VI, S. 1522. Übersetzung: Birgit Russi.

- »Se Pica-flor me chamais« (»Soll Goldhähnchen mein Name sein«): Vol. IV., S. 854 Übersetzung: Mechthild Blumberg.

- »Senhora minha: se tais clausuras« (»Verehrte Dame, wenn aus der Klausur«): Vol. IV, S. 870. Übersetzung: Mechthild Blumberg.

- »Jelú, vós sois rainha das Mulatas« (»Jelú: Seid braune Schönheit edelsten Geschlechts«): Vol. V, S. 1141. Übersetzung: Birgit Russi.
- »O teu hóspede, Catita« (»Dein Gast liebste Catita«): Vol. V, S. 1149/50. Übersetzung: Birgit Russi.

- »Descarto-me da tronga, que me chupa« (»Ich flüchte vor der Nutte, die mich rupft«): Vol. V, S. 1218. Übersetzung: Mechthild Blumberg.

- »Mancebo sem dinheiro, bom barrete« (»Ein Bursche ohne Geld, mit schöner Mütze«): Vol. I, S. 4. Übersetzung: Birgit Russi.

- »França está mui doente das ilhargas« (»Frankreich ist erkrankt am Hüftgelenk«): Vol. V., S. 1202. Übersetzung: Birgit Russi.

* * *